実務家のための

労働判例の読み方・使い方

弁護士 八代徹也 著

経営書院

まえがき

　本書は，裁判官や弁護士，大学等の研究者といった法律専門家ではない一般の方が判例（特に労働判例）を読む場合に知っておいてもらいたい約束事や裁判をめぐる一連の手続きなどについて，出来る限りやさしく，かつ，分かりやすく説明することを目的としています。したがって，理論的なことよりもなるべく実務に即して説明したつもりです。

　本書の成り立ちは，「労働判例の読み方と利用の仕方」と題して私が『労働判例』（産労総合研究所発行）誌上に連載したものを基本として，それに加筆したものです。労働判例の読み方についてやさしく書くことがいかに難しいかは連載中にしみじみ感じておりました。

　連載終了後，せっかく連載したのですから加筆して1冊の本にしませんかという日本労働研究機構出版部の方からのおさそいで2002年に初版を発刊致しました。

改訂版にあたって

　この度初版発刊から8年が経過し解雇権の濫用法理が労働契約法に成文化されたり，労働審判制度が創設されるなど，労働判例を取りまく状況に変化が生じたため，産労総合研究所出版部経営書院より改訂版を発刊することとなりました。

　同書院にはいろいろご助言いただきました。御礼申し上げます。

　冒頭に記載した本書の目的は本改訂版でも同じです。それがどこまで達成できたかはわかりませんが，法律専門家でない方が本書を読んで参考になったと思ってくださればこれに優る幸せはありません。

　　平成22年4月

　　　　　　　　　　　　　　　　　　　　弁護士　八代徹也

※なお，本文中の実名等は判例雑誌等に掲載されたものを原則としてそのまま引用したもので，何ら特段の意図はありません。引用された当事者の方々にはその点，ご理解ご容赦願います。

目　　次

まえがき

第Ⅰ部　労働事件を判例から学ぶ

第1章　判例とは……………………………………………………9
　第1節　はじめに…………………………………………………9
　第2節　判例と判決，判決書……………………………………9
　第3節　判例を読むうえでの注意点……………………………10
　第4節　判例のもつ実務への具体的影響と法改正……………11
　第5節　最高裁判例のもつ意味…………………………………14
　第6節　判例解説を読むうえでの注意点………………………16
　コラム　判例を検索してみる……………………………………18
　コラム　判例を見ることができる媒体あれこれ………………21
第2章　判決書を読む………………………………………………25
　第1節　判決書（判決文）ができる仕組み……………………25
　第2節　判決書全体の構成………………………………………26
　　1　判決年月日と事件番号……………………………………26
　　2　当事者の表示………………………………………………28
　　3　主　文………………………………………………………28
　　4　事実及び理由………………………………………………30
　コラム　判決書はどんなもの？…………………………………41
　第3節　控訴審の判決書…………………………………………68
　　1　控訴審の役割………………………………………………68

目　次

　　2　控訴審の判決書……………………………………68
　第4節　上告審の判決書……………………………………77
　　1　上告審の役割……………………………………77
　　2　上告審の判決と決定……………………………78
第3章　仮処分事件と決定書……………………………………83
　第1節　仮処分命令について……………………………………83
　第2節　仮処分事件の決定書のルール……………………………83
　　1　事件の表示……………………………………83
　　2　当事者の表示……………………………………84
　　3　主　文……………………………………84
　　4　事実及び理由……………………………………85
　　5　裁判所の判断……………………………………87
　コラム　法廷をのぞいてみる……………………………… 89

第Ⅱ部　労働事件の当事者になったら

第1章　本案事件と仮処分事件……………………………………93
　第1節　はじめに……………………………………93
　第2節　裁判とは……………………………………93
　第3節　仮処分とは……………………………………96
　コラム　労働委員会とは……………………………… 99
　コラム　労働審判………………………………101
第2章　仮処分申立から裁判へ………………………………103
　第1節　はじめに……………………………………103
　第2節　仮処分事件の流れ……………………………104
　　1　仮処分の申立……………………………………104
　　2　仮処分事件の経過……………………………105
　　3　仮処分における和解手続き……………………106

4　保全の必要性について……………………………………… *107*
　　5　保全の必要性の具体的内容…………………………………… *109*
　第3節　本案裁判の流れ…………………………………………… *110*
　　1　訴訟の提起…………………………………………………… *110*
　　2　訴訟の経過…………………………………………………… *110*
　　3　訴訟にかかる期間…………………………………………… *112*
　コラム　裁判の手続き，流れ……………………………………… *113*
第3章　労働事件に関する「お金」をめぐる諸問題……… *117*
　第1節　裁判にかかる費用………………………………………… *117*
　　1　裁判所に納める費用………………………………………… *117*
　　2　弁護士に支払う費用………………………………………… *118*
　第2節　弁護士費用をめぐる諸問題……………………………… *121*
　コラム　弁護士に依頼する………………………………………… *123*
　第3節　仮払金をめぐる諸問題…………………………………… *128*
　第4節　損害賠償金をめぐる諸問題……………………………… *129*
　第5節　和解金や解決金をめぐる諸問題………………………… *131*

第Ⅲ部　資料編

① 訴　状……………………………………………………………… *136*
② 答弁書……………………………………………………………… *148*
③ 地位保全及び賃金仮払仮処分命令申立……………………… *153*
④ 控訴状……………………………………………………………… *158*
⑤ 上告受理申立書…………………………………………………… *160*

第Ⅰ部
労働事件を判例から学ぶ

第1章
判例とは

第1節　はじめに

　本書の目的は，法律家ではない一般の方々に労働判例についての基礎的な知識を知ってもらいたいというものです。したがって，理論的な問題はできるかぎり避け，判例（掲載されている判決）がどのようなルールでどのように記載されるのか，またどのように理解するのかという実務的な点から述べていきます（判例の読み方とこれに関する理論的な問題等については，例えば『判例とその読み方』（中野次雄編，有斐閣，2002年）といった名著があり，判例が実際に果たしている機能について論じられています）。

　ですから，裁判官や弁護士，大学等の研究者といった法曹関係の方から見れば何を今さらといった内容となっていると思いますが，法曹関係以外の実務担当者の方が判決書（判決文）を読むうえでの参考にしていただければ幸いです。

第2節　判例と判決，判決書

　まず，判例と判決，判決書（判決文）というのは，同じものなのでしょうか。

　例えば『労働判例』という雑誌を見てみますと，「項目別登載判例

索引，裁判例」として，10件程度の判決が載っています。

これを見てもわかるように，1つひとつの事件の結論が，判決という形で示されているわけで，その個々の結論（裁判）を判例と呼ぶのが普通です。他方，判決の中で示された裁判所の理由中の判断を取り上げてその部分を判例と呼ぶ場合もあります。

後者は理論的な問題として，一定の事案についての先例としての効力を論ずる場合に使われているようです。しかし，ここでは個別事件での最終結論である判決を判例と考えることとします。

このような考え方を採れば，判例とは，裁判所が裁判という個別事件の中で示した判断結果ということになりますので，最高裁判所の判決や決定だけではなく，地方裁判所や高等裁判所の判決もまた判例ということになります（このような意味での判例を裁判例と呼ぶこともあります）。

もっとも，最高裁判所の判例とそれ以外（例えば，地方裁判所や高等裁判所）の判例では，裁判所内外の実務に対する影響度は大きく異なりますが，それは実際上の問題であり，本書では同じ判例というレベルで扱います。

第3節　判例を読むうえでの注意点

労働法の分野では，特に判例が重要だといわれています。それは，現場では日々刻々経済状況や社会状況を反映した紛争が起こり，その解決が必然的に求められるからです。

一方，労働法の分野で基本的な法律である労働基準法は改正がなされてきているとはいえ，昭和22年の法律であり，労働組合法は昭和24年の法律ですから，どうしても法律制定当時の状況と比較してギャップが発生してしまいます。そのギャップや解釈の疑義を埋め

るのが判例ということにならざるを得ないのです。

　したがって、労働法の世界では判例が大きな意味をもちますが、特に注意しておかなければならないのが、判決の前提となっている事実との関係です。

　「判例を読む場合にはその判例が判示する具体的な事実との関係において注意深く読む必要があるという一般論は、労働判例を読む場合に特によくあてはまるように思われる。というのは、労働判例の場合当該判例の判決文に直接あたって、その判例が判示する具体的事実との関係に注意しながら読んでみると、その判例が必ずしも世上喧伝されているような趣旨の判例でないことが往々にしてあるからである」（中野次雄編『判例とその読み方』有斐閣，2002年，360頁）と指摘されています。

　右の指摘は、控え目ですが、労働法の解釈がある意味でイデオロギーを反映するために著者の主張を強調し、判例もそれを支持しているとするために強引な引用がなされたり、逆に判例の解釈は不当であると批判する場合にも判例の前提事実を無視した立論が往々にして見られることを示しているのです。

第4節　判例のもつ実務への具体的影響と法改正

　判例による実務への影響、あるいは法律条文の修正の典型的事例は解雇における権利濫用法理です。これが後述のとおり労働契約法（平成20年3月1日施行）の第16条の条文となったものです。

　労働基準法では、労災による休業中であるとか、妊娠・出産後の一定期間といった例外的な場合における解雇は禁止されていますが、それ以外は30日前の予告を行うか、それにかわる30日分以上の予告手当を提供するならば解雇は自由にできることになっていま

す。条文上，解雇にあたって正当な理由が要求されているわけでもありません。したがって，「原則として解雇は自由にできる」と条文上は読めるわけです。

ところが，従来から裁判所は判例において「解雇権の行使といえども権利濫用にわたる場合は無効となる」として，民法1条3項の一般原則を根拠に判例法理を積み上げて，解雇権の行使が事実上制限される結果としています。この権利濫用との関係でいえば，解雇には客観的合理性が必要であるとか，社会的な相当性が必要であるとしています（これを解雇の正当事由という人もいます）。この判例法理の結果，「解雇は難しい」とされることになってしまいました。そして，それが労働契約法16条として定められました。

よかれ，あしかれ，このように労働判例は，実務上大きな影響を与えることになります。

しかし，労働契約法が定められてもこの解雇権濫用法理の問題点は法文そのものにあるのではなく，その基準の不明確さなのです。つまり，解雇には客観的に合理性が必要であるとか，社会的に相当でなければならないという基準（正当事由の基準と呼んでも同じです）は，それ自体非常に幅の広い概念です。いってみれば，結論であって，事前に判別ができる基準足り得ないということができます。例えば使用者が解雇する前に「この事案でだいじょうぶですか」と弁護士に相談をしても，結局は裁判所に行ってみないとよくわからないというのが実情です。しかも，裁判では総合的に判断した評価（結果）として客観的に合理性がある，社会的に相当であるから解雇有効という結論が出されるだけなので，要するに「こういう場合の解雇はだいじょうぶだ」という具体的基準はないに等しいのです。

そこで，相談を受けた弁護士も前に述べたような同種事案の判例をいくつか探し出してきて，「大丈夫そうだ」とか「あぶなそうだ」

とか，せいぜい予想をつける程度になってしまいます（この面で判例を利用する必要があるといってもいいでしょう）。

しかし，これとても，なかなか難しいのです。例えば，上司や同僚に対する暴行を理由とする懲戒解雇という比較的単純な事案でも，3回殴ったらアウトといったような具体的基準は定立されていませんから，過去の行状，暴行の内容，暴行が起こった経緯，暴行の理由といった要素をすべて総合的に勘案した結果で解雇が有効か無効かが決まるのです。したがって，ある判例では，1回の暴行でも解雇有効となるが，別な判例では数回の暴行でも解雇無効となる場合も出てくることになります。

また，裁判結果に対する事前の予測可能性が低いということは，強気な使用者はあぶなそうでも解雇をする一方，慎重な使用者は安全策を考え解雇が客観的に可能であっても控えてしまうということもありえます。

もっとも，解雇について権利濫用法理を採りながら，濫用かどうかの具体的基準が不明なことによる問題が前々から指摘されているにもかかわらず，ある意味ファジーで曖昧な基準を判例が採りつづけているのは，事案ごとの解決に適しているという面があるからなのかもしれません。

ともあれ，労働契約法が定められたわけですが，判例が集積してきた解雇における権利濫用法理を知らなければ話にならないということだけは間違いがないのです。

解雇が有効となるか無効となるかでは大きな違いをもたらします。解雇が無効となれば，従前の労働契約関係がそのまま続いていることになります。一定の金銭の支払いと引換えに解雇を有効とするという手法は現在の法律では採っていません（借地借家法の立退事例では，一定の立退料の支払いと引換えに立退を命ずることが判

決でも行われています）から，権利濫用法理は解雇を有効とするか無効とするかの面で働くだけなのです。そこで，このような黒か白かのいずれかではなく中間的な解決を図るところに，和解という手法が用いられる大きな理由があるのです。

　和解であれば，「解雇は撤回するが，一定の金銭の支払いと引換えに退職する」といったように判決ではなしえない中間的な（言葉をかえれば双方の利害調整を図った）解決が可能なのです。

　従って，今後，このような利害調整を図る判決を立法で可能にするかということが課題となります（その役割を一部担っているのが労働審判制度です）。

第5節　最高裁判例のもつ意味

　第4節の解雇の場合と異なり，最高裁がある論点について明確な基準（判断）を示す場合があります。最高裁は，重要な法令解釈について統一的な見解を明らかにするのがその役割ですから，当然下級審や実務に対する影響は大きいことになります。

　その例として，国労札幌地本事件（最三小判昭和54・10・30）を挙げて説明します。同判決は次のとおり述べています。

①　「企業は，その存立を維持し目的たる事業の円滑な運営を図るため，それを構成する人的要素及びその所有し管理する物的施設の両者を総合し合理的・合目的的に配備組織して企業秩序を定立し，この企業秩序のもとにその活動を行うものであって，企業は，その構成員に対してこれに服することを求めうべく，その一環として，職場環境を適正良好に保持し規律のある業務の運営態勢を確保するため，その物的施設を許諾された目的以外に利用してはならない旨を，一般的に規則をもって定め，又は具体的に指示，命令すること

ができ〔る〕」

②　「労働者は，……特段の合意があるのでない限り，雇用契約の趣旨に従って労務を提供するために必要な範囲において，かつ，定められた企業秩序に服する態様において利用するという限度にとどま〔り〕……右の範囲をこえ又は右と異なる態様においてそれを利用しうる権限を付与するものということはできない」「利用の必要性が大きいことのゆえに，労働組合又はその組合員において企業の物的施設を組合活動のために利用しうる権限を取得し，また，使用者において労働組合又はその組合員の組合活動のためにする企業の物的施設の利用を受忍しなければならない義務を負うとすべき理由はない」

③　「労働組合又はその組合員が使用者の許諾を得ないで叙上のような企業の物的施設を利用して組合活動を行うことは，これらの者に対しその利用を許さないことが当該物的施設につき使用者が有する権利の濫用であると認められるような特段の事情がある場合を除いては，……当該物的施設を管理利用する使用者の権限を侵し，企業秩序を乱すものであって，正当な組合活動として許容されるところであるということはできない」

この判決が判旨として述べ，重要な基準となるのは次の点となります。

①　組織体としての企業には企業秩序を定立する権限があり，使用者の施設管理権の内容について明確にした。

②　従業員の企業施設の利用は労務を提供するための利用に限定され，労働組合・組合員は企業施設を組合活動のために利用する当然の権限はないし，使用者もそれを受忍すべき義務はない。

③　労働組合・組合員が企業施設を利用した組合活動を行うには，使用者の許諾が必要である（原則）。使用者の施設利用の拒否

が権利の濫用であると認められるような特段の事情がある場合は許諾がなくても正当な組合活動になりうる（例外）。

　このような判旨を見れば明らかなように、この最高裁判決は、企業施設を利用した組合活動の正当性の基準を明確にしたものというほかはありません。最高裁は、本判決後も同様な考え方に立ち、不当労働行為救済事件においても、企業秩序論を前提にして組合活動の正当性基準について判示しています。（例えば、済生会中央病院事件、最二小判平成元・12.11労働判例552号10頁）。

　したがって、企業施設を利用しての組合活動の正当性に関する判断基準は最高裁判決により明確になっているといわざるを得ません。

第6節　判例解説を読むうえでの注意点

　最高裁判決や下級審判決について学者や実務家からの解説がなされる場合がありますが、その場合注意しなければならないのは次の点です。

　労働法の解釈にあたってはどうしてもその人の世界観や価値観が反映してきます。ひいては、ひとつのあるべき姿（労働観）を前提にして議論をしたり、法解釈や判例批評を行う場合すら出てきます。「判例解説」となっていても同様であり、判決を正当にとらえたうえでの批評なのか、判決を無視したその人の法解釈としての主張なのか区別しなければ大変なことになります。

　ですから、解説を読む場合は慎重にしなければならないのです。

　例えば、前記最高裁国労札幌地本事件について、「本判決法理はビラ貼り民事事件の確固たる先例として確立しているとは言いがたい状況にある」と解説してあるとしたらどうでしょう。この文章を読

んだ読者は,「この最高裁判決は基準として確立していないのだな,だから下級審判例もその基準に従っていないのだ」と思うかもしれません。

しかし,最高裁が本判決以降繰り返し同様な解釈（判断）を述べ,企業秩序論や組合活動の正当性基準を示していながら,下級審がそれを無視している状況がありうるでしょうか。実際にはごく少数の下級審判例を別にすれば,この最高裁判決の定立した基準に従った判断が下級審でなされています。つまり,組合活動の正当性等に関する判断基準を明確にした上記最高裁判決は重要であり,実務的な影響はきわめて大きいのです。

もちろん,この最高裁判決がそれまでの下級審判例の主流であった組合活動の正当性の判断基準としての利益衡量論や利害調整論を否定した「画期的なもの」であるために,労働者や労働組合側の立場から批判があるのは当然かもしれません。しかし,最高裁判決への批評と最高裁判決のもつ実務的影響を混同し,自分としては認めがたい最高裁判決のもつ価値をより軽くしようとするためか,「確固たる先例として確立しているとは言いがたい」とすれば誤りでしょう。

このように,労働判例についての解説は解説を書く人の価値観や労働観をどうしても反映するために,皆さんがそれを読むときには十分な注意が必要であるといわざるを得ません。

コラム
判例を検索してみる

　判例を検索する場合、大きく分けると2つの目的があります。

　ひとつは、判決の年月日や判決をなした裁判所がわかっていてその内容を調べたいという場合です。この場合は判例雑誌の索引欄や特集号を見て、そこから調べていくわけです。

　例えば、次頁の表のような形式で数多くの判決が順次記載されています（出典は法曹会発行『労働関係民事裁判例概観』）。

　その読み方を簡単に説明すると、判決年月日が日付順に並んでおり、次に判決をした裁判所と判決の事件番号、事件名が記載されています。そして、その判決がどの資料の何頁に載っているかがわかります。本文でも述べた最高裁昭和54年10月30日付の国労札幌地本事件の判決を例にとれば、『最高裁判所民事判例集』（民集と略されています）33巻6号647頁、『判例時報』944号3頁、『判例タイムズ』400号138頁、『労働判例』329号12頁の4誌に掲載されており、本件に関する解説が『季刊労働法』115号28頁（外尾解説）以下、『労働判例』403号21頁（安枝解説）まで各種あることがわかります。

　したがって、判決書そのものを見たいのであれば最初の4つのうちの1つを選ぶことになり、本件判例のもつ意味や影響といったことを知りたいのであれば後の解説から適宜選ぶことになります。

　他の判決を見れば、単に判決書が登載されているに過ぎないもの（例えば、昭和54年10月26日金沢地裁判決、オリエンタルチェン工業救済命令取消事件）や前記最高裁判決ほどではないが判決書とともに解説もあるもの（昭和54年10月29日東京高裁判決、東洋酸素整理解雇事件）など、いろいろあることがわかります。

　一般的に次の表を見ていえることは、解説が多くなる判決ほど注目度が高く、影響がある判決だということです。

　ふたつ目は、ある事案に遭遇したときに同じような事案に関して判例が

言渡年月日 裁判種類	裁判所 事件番号	事件名	登載資料 （判例批評・解説）
昭54.10.26判	金沢地 52(ﾖ)1	オリエンタルチェン工業救済命令取消	労働判例336号50頁
昭54.10.29判	東京高 52(ネ)1028	東洋酸素整理解雇	労民集30巻5号1002頁 判時948号111頁 判タ401号41頁 労働判例330号71頁 　小西國友・昭54重判解説250頁 　盛誠吾・労働判例341号15頁，342号4頁
昭54.10.30判	最高三小 49(オ)1188	国労札幌地本成告	民集33巻6号647頁 判時944号3頁 判タ400号138頁 労働判例329号12頁 　外尾健一・季労115号28頁 　松村利教・昭54行判解説91頁 　時岡泰・判例解説昭54民339頁 　下井隆史ほか・ジュリ709号78頁 　西谷敏・昭54重判解説268頁 　中山和久・労働百選四版198頁 　竹下英男・学会誌55号132頁 　下井隆史・判タ407号6頁 　角田邦重・判評259号41頁 　山口浩一郎・法曹32巻7号1頁 　河上和雄・ひろば33巻1号41頁 　水野秋一・ひろば33巻3号73頁 　窪田隼人・民商82巻6号828頁 　山口浩一郎・労働判例329号4頁 　秋田成就ほか・労働判例330号26頁 　安枝英訷・労働判例403号21頁
昭54.10.31判	大津地 50(ワ)112	ヤンマー滋賀労組制裁処分	労働判例346号68頁
昭54.11.2判	最高二小 53(オ)1453	日野車体工業諭旨解雇	集民128号71頁 判時952号116頁 判タ406号88頁
昭54.11.7判	函館地 54(ヨ)128	渡島信用金庫氏名使用妨害禁止等	労法旬989号85頁
昭54.11.9決	東京地 54(ヨ)2313	ニチバン労組組合費納入義務不存在	労働判例331号付録19頁

あるかどうか，あるとすればどのような判例かを調べたい場合です。当然この場合は，判決の年月日や裁判所がわからないわけですから，ひとつ目のような検索の仕方はできません。そこで，市販されている判例コンメンタールや注釈書，概説書などでその論点のところをあたり，そこで引用されている判例（判決した裁判所と年月日・判決書が掲載されている資料が載っているのが普通です）を調べることになります。

ただし，注意しておかなければならないのは，本の都合上引用されている判例が限られているうえ，著者の立場や主張に沿った判例だけが引用されていて反対の判例の引用がない場合があることです。

また，現在では，判例がCD-ROMに収録されており，キーワードをいくつか入力することによって，判例をしぼって検索することが可能です。

さらに，労働法でいえば，『労働法の争点』『労働判例百選』といった学生向きの雑誌も，見開き2～3頁程度で各論点ごとに簡単に判例状況が掲載されていますので，十分利用に耐えうるものであり，便利だと思います。

コラム
判例を見ることができる媒体あれこれ

　判例（判決や決定）を当事者ではない一般読者が見ようとすれば，何らかの媒体に頼らなければなりません。

　従来は，本や雑誌というもので判例を見るという方法が圧倒的でした。本文でも述べたように，判例を集めた民間から出ている雑誌（例えば，『判例時報』，『判例タイムズ』，『労働判例』など）や最高裁が発刊している雑誌（例えば，『最高裁判所民事判例集』や『労働関係民事裁判例集』など）を検索してそこの当該部所を見るというのが一般的でした。したがって，その雑誌を講読するか，図書館等で調べるという方法により判例を探していたわけです。

　現在では，電子媒体により（パソコンを使用して）判例を検索することが可能となっており，これを使う人が多くなっています。しかし，この場合でも，結局判例を集めたCD-ROMやDVDを購入またはレンタルして検索するということになります。あるいは，裁判所が作成しているホームページから検索するということになります。

　もちろん，パソコンで検索する場合には，雑誌の場合と比べて判例年月日や事件名での検索のほかに，用語で検索することが可能ですから便利にはなっていますが，出ているものは判決や決定そのもので，次に記載したような形ですので，雑誌の場合と比べてなにか特別なものが出てくるのではありません。

　したがって，パソコンによる判例検索は，「検索しやすい」というだけであり，判決や決定が形を変えているとか，読みやすくなっているというわけではないのです。ただし，パソコンによる検索の場合「概略」や「要旨」のみということもあり，この点は注意する必要があります。

【ID番号】00097979

損害賠償請求事件

【事件番号】神戸地方裁判所判決／平成5年（ワ）第2257号
【判決日付】平成10年2月27日
【判示事項】市立中学校に設置されたプールで生徒が逆飛込みをしてプールの底に頭を打ち，頸椎骨折等の傷害を負った事故につきプールの設置管理に瑕疵があったとされた事例（過失相殺5割）
【参照条文】国家賠償法2-1
　　　　　　民法722-2
【参考文献】判例タイムズ982号113頁
　　　　　　判例時報1667号114頁

主　　文

一　被告は，原告Aに対し，金7107万5968円及び内金6467万5968円に対する平成4年7月15日から，内金640万円に対する平成10年2月28日から，各支払済みまで年5分の割合による金員を支払え。
二　被告は，原告B及び原告Cそれぞれに対し，各金175万円及び内金150万円に対する平成4年7月15日から，内金25万円に対する平成10年2月28日から，各支払済みまで年5分の割合による金員を支払え。
三　原告らのその余の請求をいずれも棄却する。
四　訴訟費用はこれを10分し，その4を原告らの，その6を被告の負担とする。
五　この判決は，第一，二項に限り，仮に執行することができる。

理　　由

第一　請求
一　被告は，原告Aに対し，金2億1675万4188円及び内金2億0175万4188

円に対する平成4年7月15日から，内金1500万円に対する判決言渡しの日の翌日から，各支払済みまで年5分の割合による金員を支払え。
二　被告は，原告B及び原告Cそれぞれに対し，各金820万円及び内金700万円に対する平成4年7月15日から，内金120万円に対する判決言渡しの日の翌日から，それぞれ支払済みまで年5分の割合による金員を支払え。
第二　事案の概要

本件は，被告の設置する中学校に在籍し，水泳部に所属していた原告Aが，同校に設置されているプールにおいて，部活動の練習中に逆飛び込みを行った際，プールの底に頭を打ち付けて頸椎骨折等の傷害を負った事故（以下「本件事故」という。）につき，同原告及びその両親であるその余の原告らが，右プールの設置管理上の瑕疵（国家賠償法2条1項）又は水泳部の顧問教諭の指導上の安全保護義務違反（同法1条1項）があったとして，被告に対し，損害賠償を求めた事案である。

一　争いのない事実等
1　当事者等
(一)　原告Aは，昭和53年12月12日生まれ（本件事故当時満13歳）で，本件事故当時，○○市立××中学校（以下「××中学」という。）の第2学年に在籍し，同校の課外のクラブ活動としての水泳部に所属していた。

原告Bは，原告Aの父親であり，原告Cは，原告Aの母親である。
(二)　被告は，××中学を設置管理しており，また，訴外K（以下「K教諭」という。）は，本件事故当時，××中学の教諭として被告に雇傭されており，水泳部の顧問をしていた。
2　水泳部の存続問題（乙1，原告C本人及び弁論の全趣旨）
(一)　××中学では，平成3年度末に当時の水泳部指導者が転勤となり，水泳部を存続させるか，どのような形で存続させるか等の問題が生じ，これに対し水泳部員の保護者からは存続要望が出される等していた。
(二)　職員会議

××中学では，平成4年4月1日，2日の職員会議でこの問題につき討議し，専門的な指導をできる教諭がいない点，事故が起こった場合の責任

問題の点等から、廃部すべきとの意見も出されたが、結局、要旨次のとおりの結論を出した。
(1) 部活動は、教育課程外の特別活動であるが、生徒が自ら選択した学習活動であり、生徒の意欲や活力を生み出している。
(2) 水泳部は、生徒の自主性を尊重し、生涯スポーツへの展望を図る上から、専門的指導はできないまでも、学校教育の一環として一般的な安全指導や生活指導をしながら、存続させる。
(3) 平成4年度の水泳部指導者を、平成4年4月から同年7月末まではK教諭、同年8月から平成5年3月末まではH教諭に依頼し、通年の試合等の引率要員をM教諭に依頼する。
(4) 水泳部の専門的指導は困難であることから、学校外のスイミングスクールに所属していない新2年生、3年生部員には転部を働きかけ、希望を受け入れる。新1年生については、学校外のスイミングスクールに所属している者のみに入部を認める。
(三) 右水泳部の存続問題について、平成4年5月1日、学校側から校長、K教諭、H教諭の3名が、保護者側から原告Cを含む21名が出席して保護者会が開催され、当時の水泳部キャプテンの保護者から、
(1) 存続されることになって安堵している。

(以下略)

第2章
判決書を読む

第1節　判決書（判決文）ができる仕組み

　判決書の目的は，訴訟の当事者に対して判決の内容を知らせることにあります。

　もちろん，判決内容に不服があれば上訴するかどうかを検討する機会を与え，上級審に対しての判断材料を示すことも判決書の目的の1つですが，最初の点が主たる目的であることは明らかでしょう。

　なお，上訴というのは（上級）裁判所に不服を申立てることで，通常の場合，第1審裁判所から第2審裁判所（例えば地裁から高裁）に上訴する場合を控訴，第2審裁判所から第3審裁判所（高裁から最高裁）に上訴する場合を上告といいます。

　そこで，裁判所が個別的な事件において示した判断（結論）である判決内容を的確に書面で示すことが必要であり，そのために一定の記載方法に従った判決書が要求されるわけです。

　判決は裁判所が示すその事件についての結論です。したがって，その裁判所における訴訟手続の最終ゴールという意味を持ちます。

　それでは，いったん裁判所に訴訟が係属した場合には必ず判決に至り，判決書が作成されるのでしょうか。判例雑誌などをご覧になった方々からすれば，判決書以外は掲載されていないのですからそう思われる方もいるかもしれません。

第Ⅰ部　労働事件を判例から学ぶ

しかし実際はそうではありません。なぜそうなるかを，裁判の仕組みとあわせて説明します。

第2節　判決書全体の構成

判例雑誌に掲載された判決書（ダイニンテック事件（労働判例765号16頁））を参考にして，判決書の記載上のルールを説明します。併せてコラムの判決書例も参照して下さい。

1　判決年月日と事件番号

「ダイニンテック事件」と題された下に，～大阪地裁　平11.8.20判決～という部分があります。

> ダイニンテック事件
> ～大阪地裁平11.8.20判決～

また，右側の（　）書きの中に，平11(ワ)1907号　損害賠償請求　一部認容　一部棄却〔確定〕という部分があります。

> （平11(ワ)1907号　損害賠償請求
> 　一部認容　一部棄却〔確定〕）

この読み方を説明します。

(1)　「大阪地裁　平11.8.20判決」の意味は，大阪地方裁判所で平成11年8月20日に判決が言い渡されたことを意味します。

(2)　「平11(ワ)1907号」という意味は，大阪地方裁判所において，この事件について付された事件番号を意味します（事件番号は各裁判所ごとに，毎年1月から，訴えが提起された順に事件の種類別に一連の番号が付されます）。

(3)　「損害賠償請求」という部分は，いわゆる事件名で，裁判所

の記録に事件の標目として記載されているものです。

　なお，これは原告が訴えを提起するときに訴状に記載した事件名をそのまま記載するのが原則で，事件の内容が変わったり，事件名が事案の内容と異なるという場合であっても，事件名を変えることは通常ありません。したがって，場合によっては「損害賠償請求事件」とされていても，その内容は損害賠償をめぐる争いではないというケースも起こりえます。

(1)から(3)は判決書の記載がそのまま掲載されているものです。
(4)　一方，表題の「ダイニンテック事件」という部分や（　）書きの中の「一部認容　一部棄却〔確定〕」という部分は，判決書の記載ではありません。判決を理解するうえで参考になるものとして（「一部認容　一部棄却〔確定〕」という部分），あるいは，判例を引用するのに便利なものとして（「ダイニンテック事件」という部分），判例雑誌の編集部（この場合は『労働判例』の編集部）が記載したものです。

　「一部認容　一部棄却」の意味は，原告の請求のうち一部分が認められたこと（当然認められなかった部分が存在することになるので，一部棄却と表示）を意味し，「〔確定〕」の意味は，この事件が大阪地方裁判所の本判決で確定したこと（当事者双方とも控訴をしなかったこと）を意味します。判決をなした時点では（判決書が作成された時点では）当事者がこの判決に対して控訴をするかどうかはわからないわけで，判決書にこのような記載が入らないのは当然でしょう。
(5)　したがって，右の(4)の部分の表示は事案によって変わることになります。

　例えば，茨木高槻交通（賃金請求）事件（大阪地判平成11.4.28労働判例765号29頁）では，原告の請求が全面的に棄却された

ため,右側の( )書きの中は「棄却」と表示され,この判決に対して原告が控訴したので「〔控訴〕」と表示されています。なお,控訴は判決書が送達されてから2週間以内にしなければなりません。

```
(平10(ワ)4148号  賃金請求)
 棄却〔控訴〕
```

2 当事者の表示

ダイニンテック事件を例にとってみます。前で述べた原告・被告(被告についた弁護士名欄を含む)の記載部分が当事者の表示となります。

3 主 文

「主文」と題された部分で,「1 被告は……支払え」から「4 この判決は……執行することができる」という部分です。

```
            主   文
1 被告は,原告に対し,15万円を支払え。
2 原告のその余の請求を棄却する。
3 訴訟費用は,これを20分し,その1を被告の負担とし,その
  余を原告の負担とする。
4 この判決は,第1項に限り,仮に執行することができる。
```

主文というのは,原告の訴えに対する裁判所の回答,即ち,裁判所の判断の結論を示したものですから,一番重要な部分です。

一般の方は,裁判所がこのような結論に至った理由について興味をもち(法曹関係の方も同様かもしれません),その判断(解釈)の是非について判例評釈や判例研究がなされますが,裁判を提起した原告,裁判を提起された被告という当事者にとっては,理由よりも

その結論である主文が最も大切な部分であることはいうまでもないでしょう。極論すれば，勝訴した理由や敗訴した理由などは二の次で，原告の請求が認められたのか，認められたとすればどの程度なのか，ということのみに関心があるという当事者がいても不思議はないのですし，さらにいえば，裁判とはそういうものであるといってもよいのかもしれません。

主文の意味について簡単に触れておきます。

ダイニンテック事件の主文第1項と第2項をあわせて見れば，原告の請求した300万円の支払のうち，15万円が認められたこと，したがって，その残額である285万円の請求は認められなかったことがわかります（仮に300万円の請求が全額認められたとすれば主文第2項は出てきません）。

第3項は訴訟費用の負担に関する判断です。訴訟費用は，敗訴した当事者が全部負担するのが原則です。したがって，原告の請求が全部認められた場合は，全額が被告負担（その逆の場合は全額原告負担）となり，ダイニンテック事件のように，原告の一部勝訴の場合は，両当事者に一部ずつを負担させることになるのが原則です。この按分割合は裁判所の職権で決定されますが，多くは請求額と認容額の割合に応じて（それに反比例して）訴訟費用の負担をさせるようです。

なお，訴訟費用は貼用した印紙代，切手代，証人への旅費日当などで，当事者が委任した弁護士費用は含まれません。つまり，原告の請求が棄却され，訴訟費用がすべて原告の負担とされた場合でも，被告がつけた弁護士の費用は被告もちということなのです。

また，訴訟費用の具体的な金額の確定は，別に行われる訴訟費用額確定手続きに委ねられており，主文では負担割合が定められるだけです（実務的には，訴訟費用に弁護士費用が含まれず，印紙代等

でたいした金額にはならないので、わざわざ訴訟費用確定の手続き
をとらない場合も相当多く見られます)。

　第4項は仮執行宣言といわれるもので、これが付されていると判
決の確定前でも仮に執行することができます。通常は金銭の支払い
を命ずる判決に付されることが多く、裁判所の裁量でつけるかどう
かが決定されます。

4　事実及び理由

　原告の請求、事案の概要、裁判所の判断という順で構成されます。
　それぞれの内容は追って説明しますが、「原告の請求」欄には、原
告の求める申立内容、原告の申立の要約が記載されます。ダイニン
テック事件においては、次のような表示の部分です。

> 第1　請求
> 被告は、原告に対し、300万円を支払え。

　金銭給付を求めるもの以外では、次のようなものが労働事件では
典型例です。労働委員会が発した命令の取消しを求めるもので、次
のように表示されます(中労委〔西神テトラパック〕事件・東京地判平成
11.4.21労働判例765号40頁)。

> 第1　請求
> 1　甲事件
> 　被告が中労委平成6年(不再)第45号事件について平成9年5
> 月7日付けでした命令のうち、主文Ⅰの1ないし3及びⅡを取り
> 消す。
> 2　乙事件
> 　被告が中労委平成6年(不再)第45号事件について平成9年5
> 月7日付けでした命令のうち、主文Ⅰの4を取り消す。

「事案の概要」欄は、事件がどのような類型の争いであるかを簡潔に表示し、かつ、本件での争点（当事者間で争われているテーマ）が何かを説明するものになります。したがって、この争点に対する裁判所の解釈が次の「当裁判所の判断」欄で示されることとなります。そしてその結論としての主文が導かれる経過が明らかにされるわけです。

この「裁判所の判断」においては、中心的な争点に対する考え方のみならず、それ以外でも結論を出すのに必要な部分についての裁判所の考え方が述べられることになります。ダイニンテック事件の例を見てもわかるとおり、裁判所がどのような事実認定をしたのか、その認定を裏づける証拠は何か、この事実認定に基づく法律的な解釈はどうなるかといったことが示されます。

この部分を裁判所の考え方（判断）として、狭義の判例と呼ぶ場合があることは既に述べたとおりです。

「請求」欄

「請求」欄は、当事者（通常は原告）の求める申立内容（請求内容）の要約を記載するものです。これは、当事者の申立内容を裁判所が要約して記載するものであり、請求の上限を画するものということもできますが、ともあれ、この申立に対する答として判決書が書かれるわけです。

しかし、この請求欄は、金銭の給付請求であれば「金〇〇円を支払え」という記載がなされるだけであり、その根拠やどういう内容から発生する金額なのかはこの欄には記載されません。

したがって、金銭の給付請求である場合には、請求欄それ自体を見てもどのような紛争なのか、請求権の発生する根拠は何なのかはわからないことになりますが、これらは、事案の概要等で明らかに

されます（塩野義製薬（男女賃金差別）事件〔大阪地判平成11.7.28労働判例770号81頁〕の請求欄と事案の概要欄を次に掲げておきます）。

> 第1　請求
> 被告は、原告に対し、4667万円及びこれに対する平成7年10月7日から支払済みまで年5分の割合による金員を支払え。
> 第2　事案の概要
> 本件は、被告の従業員であった原告が、被告に在職中、女性であることを理由に昇給における差別を受けたことが、不法行為もしくは労働契約の債務不履行にあたるとして、同期入社、同職種の男性従業員（5名）の賃金の平均額と原告に現実に支給された賃金との差額相当の損害金及び右差別による慰藉料等の各支払を求める事案である。

ここからもわかるとおり、請求欄は主文に対応するものであり、主文が「〇〇円を支払え」と表示するだけで、「損害賠償金〇〇円を支払え」とか「賃金〇〇円を支払え」と記載しないことに対応して、請求欄も同様の表示となるわけです。

なお、訴訟費用の負担の申立（原告の申立であれば当然被告負担を求めることになる）や仮執行宣言の申立は記載されず、省略されています。つまり、主たる請求のみが記載されていると考えてください。

「事案の概要」欄

「事案の概要」欄は、事件がどのような類型の争いであるかを簡潔に表示し、かつ、本件での争点（当事者間で争われているテーマ）が何かを説明するものです。

前掲の塩野義製薬（男女賃金差別）事件でいえば、被告会社の従

業員であった原告が女性であることを理由に昇給差別を受けたことが，不法行為もしくは債務不履行に当たるとして損害金や慰謝料の支払いを求めた事案であるということがわかります。

　この事案の概要欄は，事件の類型ごとに当然異なってきます。金銭給付を求める類型以外では，次のようなものが労働事件では典型例です。

① 　労働基準監督署長の労災認定をめぐる事件（中央労基署長（永井製本）事件・東京地判平成11.8.11労働判例770号45頁。なお，被災者は仮名にしてあります）

> 　本件は，製本業を営む事業主の下で断裁工として勤務していた甲野太郎（以下「太郎」という。）がくも膜下出血を発症して死亡したのは，業務に起因するものと主張して，同人の妻である原告が，労災保険法に基づき，被告中央労働基準監督署長（以下「被告労基署長」という。）に対して遺族補償給付及び葬祭料の支給を請求したが，平成2年3月31日付けで遺族補償給付及び葬祭料を支給しない旨の処分（以下「本件処分」という。）を受け，被告審査官に対して審査請求をしたが，本件決定を受けたため，本件処分及び本件決定の取消しを求めている事案である。

この例では，中央労働基準監督署長が平成2年3月31日付で原告に対してなした遺族補償給付および葬祭料の不支給処分をめぐる争いということがわかります。

② 　労働委員会の不当労働行為救済命令をめぐる事件（千葉地労委（藤田運輸）事件・千葉地判平成11.2.8労働判例769号76頁）

> 　本件は，被告補助参加人が，原告を被申立人として申し立てた千葉地労委平成7年(不)第4号不当労働行為救済申立事件につき，被告が発した別紙命令書〈略〉記載の救済命令（以下「本件救済命令」という。）につき，原告がその取消しを求めた事案である。

この例では、千葉県地方労働委員会が平成9年8月7日付けで発した救済命令をめぐる事件であり、原告として株式会社藤田運輸が同救済命令の取消しを求めた事案であることがわかります。

　なお、この場合は、救済命令の取消しを求める者が原告となりますので、本件では救済命令の名宛人である株式会社藤田運輸が原告となり、救済命令をなした千葉県地方労働委員会が被告となります（当時）。現在は、各県の労働委員会の命令については、都道府県が、中央労働委員会の命令については国が被告となります。

　これとは逆に、救済命令を申立てた労働組合が原告となる場合もありますが、常に被告は命令を発した労働委員会（現在は国や都道府県）となります。

　③　使用者がなした解雇をめぐる事件（アサヒコーポレーション事件・大阪地判平成11・3・31労働判例767号60頁）

> 本件は、被告の金員等を横領したとして被告から懲戒解雇されるとともに、業務上横領罪で告訴された原告らが、横領の事実はなかったとして、被告に対し、右懲戒解雇が無効であることの確認を求めるとともに、無効な懲戒解雇及びその事実を取引先等に流布されたこと等並びに虚偽の告訴が原告らに対する不法行為を構成するとして、慰謝料及び弁護士費用の支払を求めた（本訴）のに対し、被告が、原告らに対し、右横領行為によって被告が被った損害の賠償を求めた（反訴）事案である。

　この事案でいえば、原告が被告会社から横領を理由に平成5年5月28日付けで懲戒解雇されたので、右解雇が無効であることの確認を求め、その他に慰謝料等を求めた事案であることがわかります。

　一方、被告会社も原告らの横領行為によって損害を受けたとして損害賠償を求めていることがわかります。

　なお、解雇をめぐる紛争の場合、その解雇が有効であれば、解雇

無効確認を求める原告の請求は棄却となりますが，解雇が無効となれば，本事案で記載されたように主文は「〇〇年〇〇月〇〇日付けでした懲戒解雇（または普通解雇）が無効であることを確認する」または「原告が被告の従業員として労働契約上の権利を有する地位にあることを確認する」との文言になります。

> 被告が原告らに対して平成5年5月28日付けでした懲戒解雇が無効であることを確認する。

このように確認判決は，訴訟物（訴訟の対象）である権利関係の存否を確定するものなので，主文の最後は「……を確認する」となり，「被告は原告に対し……を確認せよ」といった記載になりません。この点が，金銭給付の主文が「被告は原告に対し金〇〇円を支払え」と命令型になるのとの大きな違いです。

次に，本件事案における「争いのない事実」および「争点」という記載となります。
① 「争いのない事実」欄について

この「争いのない事実」欄には，文字どおり，原被告の間で争いのない事実の他に，証拠により容易に認定できる事実や，裁判所の記録上明らかな事実も含める場合があります。しかし，被告が反対証拠を出して争っていたりするような部分に関しては「争点」に対する判断において述べるものであり，また「証拠により容易に認定できる事実」をあまり拡大して解釈し記載することはありません。

また，「争いのない事実」という表示ではなく「前提事実」という記載をする場合もあります。

以下に具体例を示します。

前掲の中央労基署長（永井製本）事件では，次のようになってい

ます。この例は比較的短い記載です。

> 一　争いのない事実
> 1　太郎（昭和8年2月11日生）は、昭和27年8月、雑誌を中心とした製本業を営む永井製本株式会社（本社所在地　東京都○○区○○〈以下略〉。以下「会社」という。）に雇用され、以来、断裁工として会社に勤務していた。昭和62年（以下、特に断らないときは、昭和62年を指す。）当時、会社全体の従業員は、パートを含めて約45名であったが、断裁工は太郎のみであった。
> 2　太郎は、11月28日（土曜日）、午前8時に断裁作業に取りかかってから約1時間30分経過したところでトイレに立ち、午前10時10分ころトイレ内で意識を失い心肺停止状態で倒れているところを発見され、救急車で日本医科大学附属病院救命救急センター（東京都○○区○○〈以下略〉所在）に搬送され、午前11時49分死亡が確認されたが（当時53歳）、同人の死亡はくも膜下出血の発症（以下、「本件発症」という。）によるものであった。
> 3　太郎の妻である原告は、同人の死亡は業務に起因するものであるとして、労災保険法に基づき、被告労基署長に対して遺族補償給付及び葬祭料の支給を請求したが、平成2年3月31日付けで本件処分を受けた。原告は、これを不服として、同年5月29日被告審査官に対して審査請求をしたが、平成5年11月30日付けで本件決定を受けた。さらに、原告は、労働保険審査会に対して再審査請求をしたが、平成9年3月24日付けで棄却の裁決を受けた。

　なお、前掲の塩野義製薬（男女賃金差別）事件では、前提事実として長文の記載がなされていますが、これは被告会社に在職中の昇給差別事件である以上、被告会社の昇給システムや給与体系、原告らの担当業務、原告らの昇給状況といった人事や賃金の制度論が争点の前提となるため、このような制度全般やその運用に関する記載が必要だからです。

② 「争点」欄について

「争点」欄では、本件事案の主文（結論）を導くうえで重要な争点を記載するわけですが、事実に関するものと、法律解釈に関するものに分かれます。

いずれにせよ、中心的な争いのポイントを要約して記載するものであり、10数個にわたる争点が記載されるという例はまずありません。この争点をめぐって裁判所が事実認定をし、法律解釈をしていくことになります。

次に具体例を示します。

(1) 中央労基署長（永井製本）事件では、次のようになっています。ここでは、2つの主な争点が記載されており、「本件発症の業務起因性の有無」は、事実の問題に関するものが中心であり、「本件決定の固有の瑕疵の有無」は法律上の解釈に関するものが中心となります。

> 二　主な争点
> 1　本件発症の業務起因性の有無
> 2　本件決定の固有の瑕疵の有無

(2) 塩野義製薬（男女賃金差別）事件では、次のとおり争点が大きく2つに分かれており、その1つについてはさらにいくつかの論点に分かれて記載されています。

被告会社に不法行為もしくは債務不履行があるかどうかというのが第1の争点ですが、さらに、その不法行為もしくは債務不履行の内容について、能力給における男女格差があるかどうか、格差の理由が男女差別であるかどうか、この男女差別が不法行為や債務不履行を構成するかどうかという論点に分けて考えようとしていることがわかります。

第2の争点は，第1の争点で不法行為もしくは債務不履行が肯定された場合に，その損害額如何ということですから，第1の争点を前提とするものであることは明らかでしょう。仮に，第1の争点における判断で不法行為もしくは債務不履行が否定されれば，第2の争点は論ずる必要がなくなるわけです。

二　争点
1　被告による不法行為もしくは債務不履行の成否
　㈠　能力給における原告と同期男性5名との格差
　㈡　右能力給等の格差の理由（男女差別の有無）
　㈢　賃金における右男女差別が不法行為（労働基準法4条違反）もしくは債務不履行（労働契約上の平等取扱義務違反）を構成するか
2　不法行為もしくは債務不履行が成立する場合の損害額

---

(3) 争点に対する当事者の主張を項目を立てて記載する例もあります（前掲・中央労基署長（永井製本）事件）。

三　当事者の主張の要旨
1　争点1（本件発症の業務起因性の有無）について
　㈠　原告
　太郎の死亡は業務に起因するものである。その理由は次に述べるとおりである。

「裁判所の判断」欄

ここが，判決書中の多くの部分を占める箇所で，「争点」に対する判断（裁判所の解釈）が示されます。したがって，事例ごとにその記載内容が変わってくることは当然であり，統一的な基準があるわけではありません。

主な点のみを述べておきます。

(1) 事実の認定とそれを裏づける証拠が記載されます。ただし，判例雑誌のような場合，具体的な証拠の記載は省略されていますが（例えば〈証拠・人証略〉と記載）それは編集上の都合であり，実際の判決書では，「甲〇号証」とか「証人〇〇の証言」というように具体的に記載されます。
(2) 掲載されている判決例では，右側に傍線が引かれている場合がありますが，これは編集部が「重要な判断部分」と考えて，読者の注意をひくために行ったものであり，実際の判決書ではこのようなことはありません。

> 5 本件発症の業務起因性
> (一) 労災保険法に基づく保険給付は，労働者の「業務上」の死亡について行われるが（同法7条1項1号），労働者が「業務上」死亡したといえるためには，業務と死亡との間に相当因果関係のあることが必要である（最高裁第2小法廷昭和51年11月12日判決・労働判例837号34頁参照）。

(3) 法律上の争点については裁判所の法律解釈となりますが，教科書等と異なり，裁判所が採用する見解とその論拠を簡潔に記載するのが通例であり，従来の判例・学説に反する解釈をする場合等を除き，あまり長々と記載することはありません。

　もっとも，判例研究では学者や実務家はこの部分に興味をもち，この解釈をめぐっての研究が中心になりますが，実際の判決では事実認定に関する記載の部分のほうが長くなるのが普通です。
(4) 口頭弁論の終結の日が記載されていますが，これは判決の既判力（判決の効力が及ぶ範囲）の基準時を明確にするためです。前掲の中央労基署長（永井製本）事件では，結論の次に口頭弁論の終結の日が記載されていますが，判決書の冒頭（事件番号

の次)に記載される例もあります。

> 三　よって、主文のとおり判決する。
> (口頭弁論の終結の日　平成11年2月3日)
> 　　　　　　　東京地方裁判所民事第11部
> 　　　　　　　　　　　裁判長裁判官　　福岡　右武
> 　　　　　　　　　　　　　　裁判官　　飯島健太郎
> 　　　　　　　　　　　　　　裁判官　　西　　理香

　口頭弁論終結時点の事実関係に基づいて判決は言い渡されますので、例えば、その後に当事者が死亡した場合等、事実関係に変化があっても判断の対象とはならず判決には影響しません。

(5)　前掲の中央労基署長(永井製本)事件の裁判官名(福岡裁判官他2名)はこの口頭弁論終結時点の裁判官であり、この3名が「判決書を作成した裁判官」あるいは法律用語としては「判決をした裁判官」ということになります。口頭弁論が終結して判決の内容が定まった後に裁判官の異動があっても、判決書の裁判官名は変更されません(正確にいえば変更できないのです)。異動によって、現実に判決の言渡しをする裁判官と判決書を作成した(口頭弁論終結時点の)裁判官が異なることもままあります。したがって、判決の言渡しをした裁判官が「判決書を作成した裁判官」とは限らないことに注意してください。

　新聞記事等で「○○裁判長は次のとおり判決を言い渡した(△△裁判長代読)」とあるのはこの意味で、○○裁判長他2名が口頭弁論終結時点の裁判官であり、かつ、判決をした裁判官で、△△裁判長らは右判決書に基づいて言渡しをした裁判官であるというわけです。

コラム
判決書はどんなもの？

　本文の中で判決を引用していろいろ述べていますが，判決（判決書）の実例を記載しておきます。もちろん，裁判所が交付する判決書そのものは当事者しか受領できませんので，一般の読者が目にすることができるのは判例雑誌に掲載された判決書ということになります。

　(1)　第1審判決の実例として，横浜地方裁判所川崎支部平成12・6・9判決の更生会社三井埠頭事件を掲げておきます（労働判例809号86頁）。

　(2)　第2審判決の実例として，(1)事件の控訴審東京高裁平成12・12・27の判決を掲げておきます（労働判例809号82頁）。

　(1)と(2)を比較すると，控訴審判決の読み方がなかなか大変であることがわかると思います。

　(3)　仮処分事件の決定の実例として，労働大学（第2次仮処分）事件の東京地裁平成13・5・17決定を掲げておきます（労働判例814号132頁）。

　いずれにせよ，事案に応じた判決や決定となることは当然ですが，本文に記載したような約束事があることを理解していただければ十分です。

　なお，本文でも書きましたように，判例雑誌に掲載されている「判決要旨」欄や「コメント」欄あるいは「判決批評」欄などは，判例雑誌がその責任で記載しているものであり，判決や決定そのものには何ら記載されておりませんのでその点は留意してください。

(1)　更生会社三井埠頭事件
（横浜地裁川崎支部　平12・6・9判決）
（平11(ワ)606号　未払賃金請求認容〔控訴〕）

　　　　判　　　決

原告	甲野　一郎
原告	乙原　二郎
原告	丙山　三郎
右3名訴訟代理人弁護士	X

41

被告	更生会社三井埠頭株式会社管財人
	A
右管財人代理	B
右訴訟代理人弁護士	Y

   主　文
一　被告は，原告甲野一郎に対し，金130万7174円及び別表1〈略〉の「未払賃金」欄記載の各金員に対するこれに対応する各「始期」欄記載の日から支払済まで年6分の割合による金員を支払え。
二　被告は，原告乙原二郎に対し，金118万9694円及び別表2〈略〉の「未払賃金」欄記載の各金員に対するこれに対応する各「始期」欄記載の日から支払済まで年6分の割合による金員を支払え。
三　被告は，原告丙山三郎に対し，金102万1394円及び別表3〈略〉の「未払賃金」欄記載の各金員に対するこれに対応する各「始期」欄記載の日から支払済まで年6分の割合による金員を支払え。
四　訴訟費用は被告の負担とする。
五　この判決は仮に執行することができる。
   事実及び理由
第1　請求
主文同旨。
第2　事案の概要
本件は，更生会社の従業員であった原告らが，在職中に一方的に賃金を減額されたとして，右更生会社の管財人に対して未払賃金の支払を求めた事案である。
一　前提事実（以下の事実は当事者間に争いがない。）
1　当事者
(一)　更生会社三井埠頭株式会社（以下「更生会社」という。）は，港湾運送業等を営む株式会社であるが，平成10年10月15日，横浜地方裁判所において，更生手続開始決定を受け，被告及びC（以下「C管財人」という。）

が更生管財人に就任した。(被告が法律管財人)

　㈡　原告甲野一郎（以下「原告甲野」という。）は、昭和45年2月に更生会社と労働契約を締結し、更生会社において就労していたが、平成11年に行われた40歳以上の従業員を対象とする希望退職募集に応募し、同年3月31日、退職した。退職直前の役職は、資源事業部長であった。

　㈢　原告乙原二郎（以下「原告乙原」という。）は、昭和37年3月に更生会社と労働契約を締結し、更生会社において就労していたが、平成11年に行われた40歳以上の従業員を対象とする希望退職募集に応募し、同年3月31日、退職した。退職直前の役職は、資源事業部環境事業課長であった。

　㈣　原告丙山三郎（以下「原告丙山」という。）は、平成8年1月に更生会社と労働契約を締結し、更生会社において就労していたが、平成11年に行われた40歳以上の従業員を対象とする希望退職募集に応募し、同年3月31日、退職した。退職直前の原告丙山の役職は、資源事業部環境事業課の課長職であった。

2　賃金の減額

　㈠　更生会社における従業員の毎月の賃金（給与）は、毎月25日（ただし、この賃金支給日が休日の場合はその直前の休日でない日）に支給することとされていた。

　㈡　更生会社は、平成10年5月以降、原告ら管理職従業員の毎月の賃金を減額して支給した。

　その結果、減額された金額は、それぞれ別表1ないし3記載のとおりであり、原告甲野について合計130万7174円、原告乙原について合計118万9694円、原告丙山について合計102万1394円となる。

二　争点（原告らが賃金減額について承諾したか否か）

1　被告の主張

　㈠　更生会社の前代表取締役Oは、平成10年5月13日、全管理職（当時37名）を招集し、経営難を理由に管理職従業員の賃金を20パーセント減額することを通知し、全員異議を述べることなく承諾した。

　㈡　原告らは、賃金減額措置が不当であるならば、被告が保全管理人に

なって初めての賃金支給日である同年6月25日，あるいは，被告及びCが更生管財人になって初めての賃金支給日である同年10月25日に，何らかの異議申立てがあるべきなのに，これをしなかったから，遅くとも同年10月25日までには管理職全員が黙示的に承諾したものというべきである。

2 原告らの主張

(一) 平成10年5月13日には管理職従業員の賃金を20パーセント減額することが一方的に通知されたのみで，管理職従業員の承諾の意思表示はなかった。なお，原告丙山は，右の通知の場に出席していない。

(二) 原告らが更生会社に対して未払賃金の支払を請求したり，賃金減額についての異議を申し立てなかったことをもって，賃金減額を黙示的に承諾したとみることはできない。

第3 争点に対する判断

一 前提事実及び証拠（〈証拠・人証略〉）により認められる事実は以下のとおりである。

1 更生会社は，平成10年4月30日，額面総額3億4000万円の約束手形の不渡りを出し，これを知った荷主らが一斉に寄託貨物を倉庫から引き上げる等の混乱が生じた。当時の経営陣は，会社経営の方針を検討し，管理職従業員に対して，手形事件の概況，今後の方針などについて説明を行う場を何度か持った。

同年5月13日，更生会社の当時の経営陣は，管理職全員を招集し，役員報酬を月額20万円にすることや管理職の賃金を20パーセントカットすること，残業を減らすようにすることなどを伝えた。これらの事項について出席者の意思確認を採ることはなかった。なお，管理職の招集が急なことであったため，原告丙山は，業務に支障があるとして出席しなかったが，その後まもなくして賃金の20パーセントカットの話を伝え聞いた。

2 同年5月分の給料については，銀行取引が停止になり，また，債権者からの差押えの可能性もあったため，本来の支給日より早い同月22日に現金で支給されたが，管理職の賃金は20パーセント減額して支払われた。

3 更生会社の経営陣や顧問弁護士らは，その後も経営方針，再建策につ

いて検討し、同年6月5日、会社更生の申立てをし、同日会社更生法39条の規定に基づき、会社財産の保全命令が下され、同月8日、被告が保全管理人に選任された。

そして、同年10月15日、横浜地方裁判所より会社更生手続開始決定が下され、更生管財人として被告及びC管財人が選任された。その後、毎週土曜日には、更生会社のおかれている現状や今後の方針などについての会議がもたれ、原告甲野はこの会議にほぼ毎週出席し、原告乙原も途中から出席するようになった。

4　同年6月分以降も管理職の賃金については引き続いて20パーセント減額されたうえ支給された。なお、夏の一時金は支給されず、冬の一時金については、管理職は1人15万円ずつ、一般社員は1人10万円ずつが一律に支給された。

同年10月ころ、原告甲野は、S人事課長をとおして、賃金の減額の措置について中止の提案をしてもらったが、被告は現状をしばらくこのまま維持してほしいというような発言をした。

5　原告らは、平成11年に行われた40歳以上の従業員を対象とする希望退職の募集に応募し、いずれも、同年3月31日更生会社を退職した。

原告らは、同月10日ころ、「未払賃金に関する申入書」をC管財人あてに作成し、それまでに減額されていた平成10年5月分から平成11年2月分までの賃金の支払を求めたが、C管財人は右申入書を受取らなかった。

二　以上の事実によると、原告らの賃金の減額については、平成10年5月13日、更生会社前代表取締役が、原告甲野及び同乙原を含む管理職従業員に対して通告したことはあったものの、原告らがこれを承諾したと認めることはできない。

これに対して、被告は、原告らが遅くとも平成10年10月25日には黙示の承諾をしたと主張するところ、原告甲野と同乙原が平成10年5月13日に賃金減額の通告を受け、原告丙山もその後まもなくこれを知ったこと、右通告に対応する形で減額した賃金が継続して支払われていたこと、原告らが、更生会社の前経営陣あるいは被告や管財人代理らに対して直接異議を申し

述べたことがないことの各事実が認められる。しかしながら、原告らが賃金減額について容認していることを表明した事実は認められないこと、かえって、原告甲野は、平成10年10月ころには、人事部を通して減額措置の中止を申し入れ、平成11年3月には、原告ら3名が書面を作成してそれまでの減額分の支払いを求めた事実が認められること、更生会社の前経営陣からも、被告やC管財人らからも、原告らに対して賃金減額の措置について意思確認を求めたことはなかったことを勘案すると、原告らが賃金が減額されていることを認識しながら異議を申し立てなかったことをもって、賃金減額を黙示的に承諾していたものと推認することはできない。

三　そして、労働契約における最も重要な要素である賃金を使用者が一方的に減額することは許されないから、被告には、平成10年5月分から平成11年3月分までに減額した賃金及びこれに対する各支払日の翌日から年6分の割合の遅延損害金を原告らに対して支払う義務があるというべきである。

よって、原告らの請求はいずれも理由があるから、これを認容し、訴訟費用の負担について民事訴訟法61条、仮執行宣言について同法259条1項を適用して主文のとおり判決する。

横浜地方裁判所川崎支部民事部

裁判官　武藤真紀子

(2)　更生会社三井埠頭控訴事件

> 東京高裁　平12・12・27判決
> 平12(ネ)3540号　未払賃金請求控訴
> 棄却〔上告〕
> 一審＝横浜地川崎支判　平12・6・9

判　　決

控訴人	更生会社三井埠頭株式会社管財人 A
右管財人代理	B
右訴訟代理人弁護士	Y
被控訴人	甲野　一郎

被控訴人	乙原　二郎
被控訴人	丙山　三郎
右三名訴訟代理人弁護士	X

主　文

本件控訴をいずれも棄却する。

控訴費用は，控訴人の負担とする。

事実及び理由

第1　控訴の趣旨

一　原判決を取り消す。

二　被控訴人らの請求をいずれも棄却する。

第2　事案の概要

本件事案の概要は，次のとおり補正するほかは，原判決の「事実及び理由」中「第二　事案の概要」に記載のとおりであるから，これを引用する。

1　原判決4頁5行目（42頁24行目）の「以下の事実は」の次に「証拠を摘示した点以外」を加える。

2　原判決5頁1行目（43頁3行目），5行目（43頁7行目）及び10行目（43頁11行目）の各「平成11年」の次にいずれも「2月」を加える。

3　原判決6頁7行目から8行目にかけて（43頁19～20行目）の「賃金を減額して支給した」を「賃金額から基本給，職能等級手当，職能資格手当，役職手当，住宅手当及び家族手当の合計額の20パーセントを「調整金」の名目で控除して給与を支給した（〈証拠略〉）」に，9行目（43頁21行目）の「減額された金額」を「被控訴人らの賃金の控除額」にそれぞれ改める。

4　原判決7頁1行目（43頁24行目）を次のとおり改める。

「3　被控訴人らの請求

被控訴人らは，未払賃金として右賃金の控除分及びこれに対する商事法定利率年6分の割合による遅延損害金の支払を求めるものである。

二　争点

控訴人は，後記1のとおり，被控訴人らが賃金の減額を承諾した旨を主張し，被控訴人らは，後記2のとおり，右承諾の有無及びその効力を争っ

ている。」
5 原判決8頁7行目（44頁11行目）の次に次のとおり加える。
「(三) 仮に被控訴人らが賃金の減額を承諾したとしても，更生会社の就業規程である給与規程（〈証拠略〉。以下「本件就業規則」という。）には「調整金」名目で賃金の控除ができるとする根拠規定はないから，右控除についての合意は，就業規則で定める基準に達しない労働条件を定めるものであって，労基法93条により無効である。
　第3　当裁判所の判断
一　当裁判所も，被控訴人らの請求はいずれも理由があるものと判断する。
　その理由は，次のとおり補正するほかは，原判決の「事実及び理由」中「第3　争点に対する判断」（同2項まで）に記載のとおりであるから，これを引用する。」
1　原判決8頁9行目（44頁13行目——〈証拠・人証略〉中の訂正）。
2　原判決9頁2行目（44頁16行目）の「これを知った」を「翌5月1日，早朝から」に改め，8行目（44頁22行目）の「残業」の前に「労働組合に加入する従業員の」を加える。
3　原判決10頁3行目（44頁28行目）の「20パーセント減額」を「前示のとおり調整金名目で20パーセント控除」に改め，3行目（44頁28行目）の次に行を改めて次のとおり加える。
「　なお，本件就業規則には右のような賃金の控除を許容する内容の規定はなく，また，右賃金の控除を実施するに当たって，本件就業規則について，これを許容する内容のものに変更する措置も採られなかった。」
4　原判決10頁8行目（45頁4行目）の「10月15日」の次に「午前10時」を加え，9行目（45頁5行目）の「その後」を行を改めて「更生会社においては，控訴人が保全管財人に選任された同年6月から更生手続開始決定のされた同年10月まで」に改める。
5　原判決11頁1行目末尾（45頁8行目）に「右会議の場では賃金の減額について管理職従業員らから不満や苦情が述べられたことはなかった。」を，2行目（45頁9行目）の「引き続いて」の次に「前同様の方法で」を，

3行目(45頁10行目)の「夏の」の前に「同年の」をそれぞれ加え,同行(45頁10行目)の各一時金」をいずれも「賞与」に改め,6行目(45頁13行目)から8行目(45頁15行目)までを削り,9行目(45頁16行目)の「平成11年」の次に「2月」を加える。
6　原判決12頁3行目(45頁21行目)から6行目(45頁24行目)までを次のとおり改める。
「6　更生会社においては,現在,管理職従業員の賃金について,部長職は10パーセントの,課長職は7パーセントの各控除が行われている。
二1　ところで,労基法24条1項本文はいわゆる賃金全額払の原則を定めているところ,これは使用者が一方的に賃金を控除することを禁止し,もって労働者に賃金の全額を確実に受領させ,労働者の経済生活を脅かすことのないようにしてその保護を図る趣旨に出たものであると解されるから,就業規則に基づかない賃金の減額・控除に対する労働者の承諾の意思表示は,賃金債権の放棄と同視すべきものであることに照らし,それが労働者の自由な意思に基づいてされたものであると認めるに足りる合理的な理由が客観的に存在するときに限り,有効であると解すべきである(最高裁判所昭和48年1月19日第2小法廷判決・民集27巻1号27頁,最高裁判所平成2年11月26日第二小法廷判決・民集44巻8号1085頁参照)。
2　控訴人は,更生会社の前代表取締役Oが平成10年5月13日にした管理職従業員の賃金を20パーセント減額するとの通知(以下「本件減額通知」という。)に対し被控訴人らが異議なく承諾した旨を主張するけれども,前記一1認定の事実に照らせば,右Oが管理職従業員らに対し本件減額通知をしたことは認められるものの,その場において又はその日ころ,被控訴人らがその自由な意思に基づいて右減額を承諾する旨の意思表示をしたものとは認めることができない。」
7　原判決12頁7行目(45頁25行目)の「これに対して」を「3　次に」に改める。
8　原判決13頁1行目(46頁1行目)の「しかしながら」から9行目末尾(46頁9行目)までを次のとおり改める。

「 右各事実に照らすと，外形上，被控訴人らは本件減額通知を黙示に承諾したものと認めることが可能である。

 しかしながら，本件全証拠に照らしても，被控訴人らが本件減額通知の根拠について十分な説明を受けたことも，更生会社において本件減額通知に対する各人の諾否の意思表示を明示的に求めようとしたとも認められないこと（承諾の意思を明確にするための書面の作成もなければ，個別に承諾の意思を確認されたこともない。），被控訴人甲野及び同乙原がその各本人尋問において「本件減額通知に異議を述べなかったのは，異議を述べると解雇されると思ったからである」旨供述し，被控訴人丙山もその本人尋問において「異議を述べなかったのは，自らの在籍期間が短く，他の人を差し置いて異議を述べるべきではないと思ったからで，賃金の控除に納得していたわけではない」旨供述していること，さらに，本件減額通知の内容は，管理職従業員についてその賃金の20パーセントを控除するというもので，被控訴人らの不利益が小さいとはいえないものである上，仮に更生会社の存続のために賃金の切下げの差し迫った必要性があるというのであれば，各層の従業員に応分の負担を負わせるのが公平であると考えられるのに（本件において，管理職従業員に対して一律20パーセントの賃金の減額をすることが真に経済的合理性を有し，かつ，公平に適うものと認めるべき事情は存しない。），管理職従業員についてのみ右のような小さくない負担を負わせるものとなっていることなどにかんがみると，被控訴人らがその自由な意思に基づいて本件減額通知を承諾したものということは到底できないし，また，外形上承諾と受け取られるような不作為が被控訴人らの自由な意思に基づいてされたものであると認めるに足りる合理的な理由が客観的に存在するということもできない。
4　したがって，賃金の控除分の支払を求める被控訴人らの請求はいずれも理由がある。
二　よって，被控訴人らの請求をいずれも認容した原判決は相当であり，本件控訴はいずれも理由がないから棄却することとして，主文のとおり判決する。

東京高等裁判所第22民事部
裁判長裁判官　石川　善則
裁判官　土居　葉子
裁判官　松並　重雄

(3) 労働大学（第2次仮処分）事件
/東京地裁　平13.5.17決定　　　　　　　　　　　　　　　＼
（平13(ヨ)21046号　地位保全等仮処分命令申立）
＼一部認容　一部却下　　　　　　　　　　　　　　　／

決　　定

債権者	甲
債権者	乙
債権者ら代理人弁護士	X
債務者	労働大学
代表者理事長	N
代理人弁護士	Y

主　文

1　債務者は，債権者甲に対し，平成13年5月から平成14年4月まで毎月25日限り金23万円を仮に支払え。

2　債務者は，債権者乙に対し，平成13年5月から平成14年4月まで毎月25日限り金23万円を仮に支払え。

3　債権者らのその余の申立をいずれも却下する。

4　申立費用は債務者の負担とする。

事実及び理由の要旨

第1　申立

1　債権者らが債務者に対し労働契約上の地位を有することを仮に定める。

2　債務者は，債権者甲に対し，平成13年5月以降本案判決の確定に至るまで毎月25日限り金23万3048円を仮に支払え。

3　債務者は，債権者乙に対し，平成13年5月以降本案判決の確定に至る

まで毎月25日限り金23万1000円を仮に支払え。
　第2　事案の概要
　本件は，債務者に雇用されていた債権者らが，債務者に人員整理を目的として解雇されたが，同解雇は無効であるとして，債務者に対し債権者らが労働契約上の地位を有することの仮の確認及び賃金の仮払いを求める事案である。
1　前提となる事実（疎明資料により一応認められる事実については，その番号を該当箇所に摘示する。その他の事実は当事者間に争いがない。）
(1)　債務者は，昭和29年10月11日に日本社会党（左派）の党学校として党員教育を目的として発足し，昭和30年に左右社会党が統一したのを契機に，党の外郭団体として労働組合の活動家，青年労働者を対象とした教育機関としての活動を開始し，昭和35年に月刊「まなぶ」誌を発刊し，昭和42年には労働大学調査研究所が発足し，「月刊労働組合」誌を発刊するに至った。債務者の定款には「労働運動の強化，ならびに勤労者大衆に科学的社会主義思想の教育とその普及をはかるために労働者教育事業を行うこと」を債務者の目的とすることが定められており，この目的を達成するために月刊「まなぶ」誌，「月刊労働組合」誌の発刊，販売活動をはじめ，各種出版物の発行・販売，教育・学習運動への援助，講座の開設等の事業を行っている。
(2)　債権者甲（以下「債権者甲」という。）は昭和49年10月に，また，債権者乙（以下「債権者乙」という。）は昭和53年9月1日に，それぞれ債務者に入局した。
(3)　債務者には，債務者の職員らで構成する労働組合として労働大学職員労働組合（以下「職員組合」という。）と労働大学労働組合（以下「本件組合」という。）があり，本件組合の組合員は現在6名である。債権者甲は本件組合の執行委員であり，債権者乙は同じく書記長である。
(4)　債務者は，平成11年11月25日，債権者ら及び丙（以下「丙」という。）に対し，債務者の就業規則26条(4)に基づき，同月29日をもって債権者ら及び丙を解雇する旨の意思表示をした（以下「本件解雇」という。）。
(5)　債務者の就業規則には，次のような定めがある。（〈証拠略〉）

第26条（解雇事由）

　職員が次の各号の1に該当するときは解雇する。ただし，懲戒により解雇するときは，第60条（懲戒の種類）に定めるところによる。

　(1)ないし(3)　省略

　(4)　事業を廃止・縮小するなど，止むを得ない事業上の都合によるとき

　(5)　省略

(6)　本件解雇前の債務者の体制は，次のとおりであった。

　ア　本部（事務局）

　　(ｱ)　事務局長（1名）

　　(ｲ)　事務局次長（2名。うち1名は関西支局で勤務）

　　(ｳ)　総務部長（1名）

　　(ｴ)　総務部次長（1名）

　　(ｵ)　総務部員（2名。うち1名は債権者乙）

　　(ｶ)　まなぶ編集部（1名）

　　(ｷ)　調査研究所（2名）

　　(ｸ)　事務局長付（1名。債権者甲）

　イ　北信越支局長（1名）

　ウ　関西支局（1名）

　エ　中国支局長（1名）

　オ　四国支局（1名。債権者丙）

　カ　関東支局（1名）

　キ　関東支局長（1名。嘱託職員）

(7)　債権者甲の基本給（所得税，社会保険料等を控除する前の金額）は，平成11年9月分が23万1821円，同年10月分が22万7323円，同年11月分が24万円であり（3か月の平均は23万3048円である。），債権者乙の基本給は，平成11年9月分ないし同年11月分がそれぞれ23万1000円である。債権者らの賃金は毎月20日締切り25日払いである。

(〈証拠略〉，審尋の全趣旨)

(8)　当裁判所は，本件債権者ら及び丙をそれぞれ債権者，本件債務者を債

務者とする地位保全等仮処分申立事件（平成11年㈲第21273号）につき，平成12年5月26日，債務者に対し，平成12年5月分から平成13年4月分までの賃金の仮払いを命じた（この決定を以下「第1次仮処分決定」といい，この事件を「第1次仮処分事件」という。）。
(〈証拠略〉)
2 争点
⑴ 被保全権利について
　本件解雇は有効か。
⑵ 保全の必要性について
3 争点に関する当事者の主張の要旨
⑴ 債務者の主張
　ア 人員削減の必要性
　債務者においては，その発刊に係る月刊「まなぶ」及び「月刊労働組合」の売上げがその収入の6割ないし8割を占めていた。しかし，平成10年度以降，月刊「まなぶ」誌が2万部から1万5000部に減部したこと等により，毎月200万円の不足を生ずるという状況にある。したがって，債務者としては17名もの事務局職員を確保することは到底不可能である。
　債権者らは，債務者は8000万円もの純資産を保有している旨主張する。しかし，この8000万円の純資産には雑誌代の未納分及び雑誌の在庫分が含まれており，前者は回収の見込みのない不良債権であり，後者は販売の見込みが乏しい商品であり，結局のところ，純資産のうち運転資金に充当できるのは約2000万円である。
　債権者らは，平成10年度の当期純損益は平成9年度の当期純損益と比較して赤字幅として半減している旨主張するが，これは債務者による経費削減努力の結果である上，雑誌減部をカバーできるほど安定したものではない。雑誌収入の減少は，定期講読者数を増加させない限り永続的な収入減をもたらすものであり，一時の赤字削減努力だけではいかんともし難い。
　債権者らは，債務者が平成7年度と平成9年度に1名ずつ新規採用を行った旨主張するが，これは雑誌発行上不可欠の措置である。

債権者らは，債務者の経営基盤である支局体制を廃止，縮小しようとするもので，事業再建という目的に逆行するものであると主張するが，債務者は，機能不全に陥っている組織の活性化を目的として支局体制の廃止，縮小を実施したのである。
　イ　解雇回避努力
　債務者は，経費削減努力のほか，解雇者を減らす努力（当初7名体制とする予定のところを9名体制とすることとし，更に最終的には10名体制とし，解雇者数を7名に絞った。）等，解雇回避努力を怠っていない。
　また，債務者は，新商品の販売，講座・シンポジウムの開催，ダイレクトメールによる拡販，見本誌の提供等，積極的な売上げの増大の努力も払っている。
　債務者においては支局体制等を整備，拡充し，読者層等との連携をより密にしていくことが必要不可欠であるが，事務局職員の削除という今回の措置もそれを目的としたものである。
　ウ　人選基準の合理性
　(ア)　債務者は，第1に，支局運営体制の変更として，支局の専従員を廃止して，支局運営委員会による運営を行うこととし，そのため，北信越支局長，関西支局長（事務局次長と兼務で関西支局に常駐），関西支局職員，中国支局長，四国支局職員，関東支局長（嘱託職員）及び関東支局職員の7名に退職を提案して，本件解雇の対象者とした。第2に，経費削減をめざして広告・発送業務を外部委託することとし，広告・発送業務に従事していた債権者甲及び債権者乙を本件解雇の対象者とした。
　債務者は，上記イのとおり最終的に7名を解雇したが，そのうち4名は職員組合の組合員である。したがって，本件組合の組合員を排除しようとした差別的な人選であるとの非難は当たらない。
　債権者らは，これら4名については実質的に雇用を継続する措置が講じられている旨主張するが，事実に反する。
　(イ)　債権者らは，約15年間にわたり，労働大学とは異なる理念をもって活動していた。まだ債務者の財政危機が現在ほど深刻でなかった時期に

おいては，債務者においても組織内論争を行う余裕があったが，今日のような危機的状況においてはそのような余裕がなくなった。職員の何人かに退職してもらう必要が生じた以上，債務者の生命線である「まなぶ」の発行に非協力的な者に退職してもらうということにならざるを得ない。

債権者らが上記のように非協力的であり，債務者のような思想団体の職員として不適格であったことは，次の事情からして明らかである。

なお，第1次仮処分事件の審理段階において債権者らの不適格性について主張しなかったのは，債権者らの不適格性を殊更に明らかにして，本件の円満な解決の妨げになることを避けるためであった。しかし，本案訴訟が提起され，不当労働行為救済申立もされるに至り，もはや債権者らとの関係修復は著しく困難になったと判断し，今般この点についての主張をすることとした。

(債権者ら共通の事情)

　　a　債務者は新年早々春闘講座に取り組むが，これは，債務者にとって重要な取組みである。しかし，債権者らはこれに積極的に関わろうとしなかった。

　　b　債務者はaの取組みの時期に「春闘ハンドブック」を出版するが，債権者らはこの販売活動についても不熱心であった。

　　c　債務者は，亡向坂逸郎学監の録音テープを編集してカセットブックを作製したが，債権者らはこの販売についても意欲を示さなかった。

　　d　債権者らは，外から債務者事務局員あてに電話が入った際，「今いません。どこにいるのか分かりません。連絡も取れません。」などと対応し，その結果事務局あてに苦情が寄せられた。各職員は日程表に自らの予定を記入しており，事務局員であればだれでもその行動を把握することができる態勢となっているから，上記のような対応はあり得ない。

(債権者甲に係る事情)

　　e　債権者甲は，雑誌編集において，筆者から原稿を受け取って編集部に提出するだけで，筆者とのトラブルの解決・交渉という，編集担当者として責任をもってすべきことを一切行わなかった。債務者としては，

債権者甲は編集の仕事に向いていないと判断せざるを得ず，結局編集の仕事から降りてもらうしかなかった。

　　f　債務者においては，書籍の小口発送は注文を実際に受けた者がなるべく当日のうちに行うことになっていたが，債権者甲はこれを業者に委託していた。債務者としては同債権者に対して何度も反省を求めたが，同債権者はこれを一切無視した。

　　g　債権者甲は，早朝に出勤して，地方との私的な通信のために債務者の電話を利用したり，債務者とは無関係の団体のために会場の場所取りをした際に「労働大学」の名前を使うなど，公私混同が甚だしかった。債務者は債権者甲に対し，「労働大学」の名を使わないよう注意したが，同債権者はこれを聞き入れなかった。
（債権者乙に係る事情）

　　h　債権者乙は，債務者東北支局の移転の際，旧支局事務所の出版在庫の整理清算の職務を担当した。ところが，同債権者は，この職務に一向に取りかかろうとせず，結局この件に関する未収金が放置される結果となった。

　　i　債権者乙は，書籍等の出版に関し，あと1時間も仕事を継続すれば，印刷所との関係で行程がスムースに行く状況にある場合でも，他のだれにもこれを引き継がず，退局してしまうことがあった。これはチームワークを乱す行為であり，出版人としてのモラルも問われるものである。

　　j　債権者乙は，ある出版物に関し，地方の取扱者に対し，現編集部に対する批判にわたるコメントを書いて送った。これは，債務者の事業全体及びともに仕事をしている者に対する重大な背信行為である。

　　k　債権者乙は，日常的に，就業時間内でも文庫本を読むといった態度を取っていた。

　　l　債務者においては，労働組合の大会で出版物を販売することは重要な活動であるところ，債権者乙は，出版物を送付するだけで，自ら赴くことはしなかった。これに対しては，労働組合から強い批判が出，「次回からは別の職員に任せたらどうか。」とまで忠告された。

エ　解雇手続の妥当性

債務者と本件組合との団体交渉は9回にわたり行われ，事務局職員の削減という今回の措置についても十分説明している。

オ　以上の次第で，本件解雇が有効であることは明らかである。

カ　保全の必要性について

債権者らは，本件組合の組合員らが関係する「労働大学まなぶ友の会県協連絡協議会」において，「まなぶの仲間」なる雑誌を発刊し，独自の活動を行っており，債務者職員として勤務する意思など有していないというべきである。また，同協議会は，債務者にとっての「まなぶ」と同様，「まなぶの仲間」によって財政確立を図ろうとしている。

以上からして，本件において保全の必要性は全くないものと考えられる。

(2)　債権者らの主張

ア　人員削減の必要性

債務者が人員削減をしなければならないような客観的経営状況にないことは，債務者の引用に係る債権者らの主張のほか，次の事実からして明らかである。

(ｱ)　平成11年5月22日に開かれた債務者の総会においては，満場一致をもって，会員から拠出された会費約2400万円を会員に返還しないことが決定され，これによりこの約2400万円が債務者に使用可能な資金となり，債務者の経営状況ははるかに好転した。

(ｲ)　財政悪化の経営責任を明らかにし，財政再建及び解雇回避を実現するためには，上位役職者の賃金の一部返上，一時金カット等の措置が講じられてしかるべきところ，債務者においてはこれが一切行われなかった。

かえって，債務者は，平成7年度末に，役職者全員に18万円の役職手当を支給した。これは就業規則等に何らの根拠を有しないものである。対象者を15名として試算すると，債務者は役職者に対して270万円もの根拠のない支出を行ったことになる。

(ｳ)　債務者にとって，支局体制を確立，維持することは，労働組合や

出版物の読者層との連携強化に欠かせない。労働組合や読者との密な交流があってこそ、出版物の売上部数を維持し、未収金を減らすことができるのであり、したがって、債務者において支局体制を瓦解させるような人員削減を実現することは愚策以外の何ものでもない。

イ 解雇回避努力

債務者が解雇回避努力を尽くしたかどうかについて検討する余地があるのは、希望退職の募集のみである。しかし、この募集は平成11年3月3日から同年4月3日までの1か月間と極めて短期間に行われたにすぎず、しかも、この募集の開始時期は、同年3月10日付けの理事会通達により遡及させたものであった。また、債務者は、希望退職者の正式な申し出はなかったとする一方で、この募集期間中に希望退職への応募が「非正式」にはあったことを認めている。

以上からすれば、債務者の行った希望退職の募集は、形式的・名目的なものにすぎず、債務者が解雇回避努力を尽くしたとはいえないばかりか、本件解雇が当初から計画された事実上の指名解雇であるとの本質が明らかとなる。

ウ 人選基準の合理性

(ア) 債務者は、今回の「合理化」において、本件組合の組合員6名について、次のとおり処遇した。

　　a 債権者らのほか、丙についても、本件解雇と同時に解雇を通告した。

　　b 本件組合の組合員Aについては、平成11年6月1日付けで、債務者の職員としての身分を同年9月末日までとする旨通告した。

　　c 当時傷病治療のため休職中の本件組合の組合員Bについては、同年6月1日付けで、休職が停止した時点で退職とする旨通告した。

　　d 本件組合の組合員Cについては、同日付けで、職員定数から外して嘱託扱いとするとともに、同年9月末日までの退職を強く勧奨する旨通告した。

以上のとおり、債務者は、本件組合の組合員6名全員に対して、職場か

らの排除と放逐を宣告したのであって、これは組合への弱体化攻撃であり、組合員の排除策であることは明らかである。

一方、事務局長を含む非組合員11名（嘱託1名を含む。事務局長を除く全員が職員組合の加入者である。）については、本部職員においては被解雇者はない。また、支局職員のうち最大で4名については、いったんは退職扱いとなるが、支局運営委員会との間で引き続き雇用され業務を遂行していくことが予定されていた。

以上のほか、本件組合の上記組合員6名中債権者らを含む5名は、債務者が20年近くの長きにわたって敵視し干渉・攻撃を行ってきた「三池研」のメンバーであり、非組合員には「三池研」のメンバーは1人もいないこと、平成6年の「合理化」の際も「三池研」のメンバー11名だけが人員整理の対象とされたこと等からすれば、本件解雇は、本件労働組合及び「三池研」のメンバーに対する差別と排除を目的とするものであり、不当労働行為である。

したがって、本件解雇における人選基準には全く合理性がない。

(イ) 債務者は、債権者らが債務者のような思想団体の職員として不適格であったことを、人選基準として挙げる。しかし、財政上の人員削減の事案で、職員の個人的な不適格性を問題とすることは、整理解雇の形式を採りながら、その解雇の実態が差別解雇であることを明らかにするものというべきである。

春闘講座に係る債務者の主張（(1)ウ(イ)a）のうち、債権者らが春闘講座に余り関わってこなかったことは認める。しかし、春闘講座の募集は専ら調査研究所によって行われ、同研究所以外の部局に所属する職員はほとんど関わりを持っていなかった上、当日の受付・弁当配布・出版物販売等の任務については、債権者らには最近5、6年全く役割が与えられず、完全に排除されていた。

春闘ハンドブックの販売に係る債務者の主張（(1)ウ(イ)b）については、まず債権者甲に関しては、同人が組織部に所属していた時期には、職務の一環としてその販売活動に関与していたし、組織部が廃止された後は、そ

の販売に関与する余地はなくなった。また，債権者乙については，同人が全国協議会の事務局次長であったことから，平成七年ころまではその販売活動の事務と発送を1人で行っていたが，これ以降その職務を取り上げられ，同人がこれに関与する余地はなくなった。

　カセットテープの販売に係る債務者の主張（(1)ウ(イ)c）について，債権者らがこれに意欲を示さなかったとの事実は否認する。

　電話の取次ぎに係る債務者の主張（(1)ウ(イ)d）については，債権者らはいずれも，他の事務局員の予定が分かっている限りではごく常識的な取次ぎをしていた。債務者の事務局員の中には，債権者らに予定を伝えない者がおり，その場合に「行き先は分かりません。」と答えるしかなかったというのが事実である。むしろ，関東支局長らが，債務者主張に係る取次ぎをしていたのである。

　債権者甲が編集の仕事に向いていなかった旨の債務者の主張（(1)ウ(イ)e）については，同債権者の担当していた原稿はそのほとんどが同債権者自らが執筆をしていたものであり，したがって，筆者との間のトラブルはほとんど生ずる余地がなかった。

　債権者甲の，書籍の小口発送に係る債務者の主張（(1)ウ(イ)f）については，同債権者がそのような業者委託を日常的に行っていたことはなく，一度だけのことである。

　債権者甲の公私混同に係る債務者の主張（(1)ウ(イ)g）については否認する。

　債権者乙の，東北支局移転に伴う出版在庫の整理に係る債務者の主張（(1)ウ(イ)h）については，同支局移転自体が当初同債権者には何ら知らされず，同債権者がこれを知ったのは移転から大幅に時間を経過してからであった上，債務者は同債権者に対し，出版在庫の扱いについて何ら具体的指示をせず，いたずらに時間を経過させたのであって，未収金が生じたのは，同債権者の職務執行を妨害した事務局長，総務部長らの責任にほかならない。

　債権者乙の書籍等の出版に係る債務者の主張（(1)ウ(イ)i）については，同債権者が書籍等の出版に関し日常的に引継ぎもせずに退局していたとの

事実はない。債務者が、ある日の午後、その日の夕方までには終わらないような校正作業を同債権者に渡した際、同債権者がその日の退勤時刻には事務所を出なければならない用件が入っていたことがあったにすぎない。

債権者乙が編集部への批判にわたるコメントを送付した旨の債務者の主張（(1)ウ(イ)ｊ）については、当該取扱者が債務者に批判的な意見を寄せてきたことに対応するためのものである上、このコメントは単なる下書きにすぎない。

債権者乙が文庫本を読んでいた旨の債務者の主張（(1)ウ(イ)ｋ）については、同債権者が学習会などの事前学習として文庫本を読んでいたことはあるが、これは他の事務局員ほぼ全員がしていたことである。

債権者乙の、労働組合の大会での出版物販売に係る債務者の主張（(1)ウ(イ)ｌ）については、同債権者には各労働組合の大会日程はほとんど知らされていないため、各組合に対して十分な要請をする機会がない上、友好的な労働組合については既に出張者が決まっているという状況にあった。

エ　解雇手続の妥当性

本件組合は、平成11年3月3日の結成以来、債務者に対し再三にわたって団体交渉を申し入れ、財政資料の提出と本件に係る「合理化」の根拠についての説明を求めてきた。しかし、債務者は、平成11年9月27日に開かれた第7回団体交渉の後にようやく財政資料の一部を提出し、しかも、同資料に基づく本件に係る「合理化」の具体的な必要性についての説明を全く行わなかった。

そして、債務者は、同年11月13日に開かれた第9回団体交渉において、「「合理化」の白紙撤回を求めるのであれば話し合っても仕方がない。」として、交渉を途中で一方的に打ち切り、本件解雇を強行した。

オ　以上によれば、本件解雇は解雇権の濫用として無効である。

カ　保全の必要性について

「まなぶの仲間」は、労働大学まなぶ友の会県協連絡協議会の各ブロックで見本紙を作っているもので、「まなぶ」に対抗するものではない。ましてや、これをもって、債権者らが債務者職員として勤務する意思がないとの債務

者の主張は暴論である。
　第3　当裁判所の判断
1　本件解雇は、就業規則26条(4)所定の「事業を廃止・縮小するなど、止むを得ない事業上の都合によるとき」に該当するものと判断してされたものである。このような解雇（いわゆる整理解雇）が解雇権の濫用に当たるか否かについては、当事者が主張するとおり、(1)債務者には人員削減の必要性が認められるか、(2)債務者は解雇を回避する努力を尽くしたか、(3)解雇対象者の人選は合理的なものであったか、(4)解雇手続は妥当なものであったかについて検討を加え、これら各要素を総合考慮して判断するのが相当である。

　しかし、本件解雇のような事案において、人選の合理性((3))が否定される場合には、それだけで当該解雇は解雇権の濫用として無効になるというべきである。本件解雇が、複数の職員の中から債権者らという特定の者を被解雇者として選定するというものであった（争いのない事実）以上、その人選が不合理であっては、たとえ(1)、(2)、(4)の三要素がすべて否定されないとしても、目的（事業の縮小等による経営改善）と結果（人員の削減、すなわち解雇）との間の均衡を失していて、債務者がその与えられている解雇権の行使に当たりこれを濫用したものと評価せざるを得ないからである。

2(1)　債務者は、本件解雇に当たりその対象者として債権者らを選定した基準として、(ア)債権者らの担当に係る広告と発送の業務を外部委託化することを決めたこと、(イ)債権者らは債務者の業務に非協力的であり、債務者の職員としての適格性を欠いていたことを挙げる。（債務者は、本件においては(ア)の点を明示的に主張するものではないが、この点に関する第一次仮処分事件における債務者の主張にかんがみ、本件においても、(ア)の点を人選の合理性に関する主張の前提として主張しているものと解し、これを摘示することとする。）

(2)　ところで、本件解雇のようにあらかじめ人選基準が設定されて行われた整理解雇事案において、人選基準を解雇前に従業員等に対して提示して

いないとしても、その解雇における人選の合理性が直ちに否定されることになるとまではいえないものと解される。しかし、使用者に対し、解雇の後に人選の基準を示し、これをもって人選の合理性を根拠付けることを常に許すのは、この種の解雇を恣意的に行う契機を与える結果をもたらす余地があり、上記1の権利（解雇権）濫用性に係る検討に照らし適当ではないというほかはない。したがって、使用者が解雇の後に人選の基準を明らかにする場合、使用者が解雇当時からそのような基準を設定し、これを公正に適用して被解雇者を人選したが、解雇当時には従業員等に対してその旨を明らかにすることができず、かつ、これを明らかにすることができなかった合理的な理由が一応存在するなどといった特段の事情が主張・立証（疎明）された場合に限り、人選の合理性が根拠付けられるものと解される（人選基準自体が合理的であることを要することは当然である。）。

そこで、まずこの観点から本件について検討を加えることとする。

(3)ア　第二の1（前提となる事実）、疎明資料（〈証拠略〉）及び審尋の全趣旨によれば、次の事実が一応認められる。

(ｱ)　債務者は、平成11年6月1日付けの1999年度通達第1号「労働大学事務局職員の配置について」と題する書面を債務者職員に交付した。同書面には、平成11年度の事務局職員は7名の体制で臨むこと、発送業務と広告業務を外部委託化すること、支局については支局運営委員会による運営とし、支局職員を常駐させないこと、各職員に対し、退職についての同意書の提出を求めること、以上の点が記載されていた。この当時広告・発送業務に従事していたのは、債権者甲及び債権者乙であった。

(ｲ)　平成11年3月3日、本件組合が結成され、同年6月2日には債務者に対してその旨通知された。本件組合と債務者とは、上記(ｱ)の人員削減に関する問題について団体交渉を重ねたが、その過程で開催された同年10月26日の団体交渉において、債務者は、人員削減後の事務局職員数を、7名から9名に増やすことを表明した。

(ｳ)　債務者は、平成11年11月12日に開催された団体交渉において、人員削減に関する問題についての話合いが決裂したことを受け、同月24日、

本件組合に対し，これ以上の日時を費やすこと自体が財政状況をより困難にするとした上で，本件組合が債務者の提案（事務局を9名体制とすること，支局職員の常駐の廃止，発送業務及び広告業務の委託化）を受け入れないため，本件組合の組合員である債権者甲，同乙及び丙の3名を解雇する旨通知し，本件解雇に至った。

以上の事実経過からすれば，本件解雇当時，債務者の職員等（殊に，債権者らが加入する本件組合及びその組合員）にとって，債権者らが本件解雇の対象とされたのは，債権者らの担当に係る広告と発送の業務を外部委託化したことを理由とすることは明らかであったとみるのが相当である。

イ　一方，審尋の全趣旨（殊に，債務者の平成13年4月23日付け準備書面に，第1次仮処分事件の審理においては，債務者はこの人選基準を主張しなかった旨記載されていること）によれば，債務者が本件解雇に当たり，債務者の職員等に対し，(1)(イ)の人選基準の具体的な内容を明確に示していないのみならず，第1次仮処分事件の審理段階においてもこの点を主張しなかったことが一応認められる。

(4)　以上によれば，(1)(ア)の人選基準については，本件解雇当時債務者の職員等にとって明らかであったが，同(イ)の人選基準については，本件解雇当時債務者の職員等にとって明らかでなかったということになる。

(1)(イ)の人選基準に関し，債務者は，第1次仮処分事件の審理段階においてこの基準を主張しなかったのは，債権者らの不適格性を殊更に明らかにして，本件の円満な解決の妨げになることを避けるためであった，しかし，本案訴訟が提起され，不当労働行為救済申立もされるに至り，もはや債権者らとの関係修復は著しく困難になったと判断し，今般この点についての主張をすることとした旨主張する。しかし，本件解雇の有効性について裁判上の紛争となっている状況下において，解雇の有効性を基礎付ける重要な事実関係を主張しないとの判断に当たり，上記債務者の主張に係る事情が合理的な理由となるとまでは考え難い。

他に，(1)(イ)の人選基準に関し，(2)で説示した特段の事情を認めるに足りる疎明はない。

よって，(1)(イ)の人選基準は，本件解雇における人選基準の合理性を根拠付けるものということはできない。
(5) 次に，(1)(ア)の人選基準の合理性について検討するに，この基準は，事務局職員のうち2名分が人員削減の対象とされたことを示すものということはできても，その業務を担当していた債権者らが当然に解雇対象者となることを示すものとはいえない。したがって，同基準は，本件解雇における人選基準の合理性を根拠付けるとまではいえない。
3 以上によれば，1(3)の要素（人選の合理性）が否定されるから，その余の点について判断するまでもなく，債権者らについてされた本件解雇は，解雇権の濫用に当たり無効であるというべきである。よって，本件における被保全権利はこれを一応認めることができる。
4 保全の必要性について
(1) 債務者は，債権者らは，本件組合の組合員らが関係する労働大学まなぶ友の会県協連絡協議会において，「まなぶの仲間」なる雑誌を発刊し，独自の活動を行っており，債務者職員として勤務する意思など有していないなどとして，本件においては保全の必要性がない旨主張する。

しかし，債権者らが，上記のような活動により賃金等生活の糧を得ていることを認めるに足りる疎明はない上，仮に債権者らが債務者職員として勤務する意思などを有していないとしても，それが，地位保全等の仮処分における保全の必要性の有無に影響を与えると解することができるか否かについては疑問の余地がある。債務者の上記主張は採用できない。
(2) 本件記録によれば，債権者らは債務者からの収入以外に格別の収入はないことが一応認められ，その他諸般の事情を考慮すると，債権者らそれぞれについて，毎月23万円の仮払いの必要性を認めることができるが，仮払いの期間としては，第1次仮処分決定による仮払いの期間が平成13年4月分までであること，生活の状況等が時間の経過により変化を免れないことを併せ考え，平成13年5月から平成14年4月までの1年間とするのが相当である。

債権者は，債務者に対し，労働契約上の権利を有する地位にあることの

仮の確認も併せて申し立てているが，上記のとおり賃金の仮払いを認める以上，地位の仮の確認の必要性を認めることはできない。

5　結論

よって，本件申立は主文第1及び第2項の限度で理由があるから，担保を立てさせないでこれを認容し，主文のとおり決定する。

平成13年5月17日

　　　　　　　　　　　　東京地方裁判所民事第19部

　　　　　　　　　　　　　　　　　裁判官　吉崎　佳弥

第3節　控訴審の判決書

　第2節では判決書の全体の構成について，第1審の判決書を例にとって説明しましたが，ここで第2審（控訴審）と第3審（上告審）の判決書について触れてみます。

1　控訴審の役割

　控訴は，第1審判決に対して不服があり，その取消変更を求める申立です。したがって，第1審の当事者の片方のみが控訴する場合もあれば，判決内容によっては当事者双方が控訴する場合もあります。

　控訴審は通常，高等裁判所で行われますが（1審が簡易裁判所の場合には，控訴審は地方裁判所となります），第1審の裁判の継続として行われます。つまり，控訴人が不服を申し立てた範囲内で第1審判決を審査して，不服の当否を判断することになります。なお，不服の部分（不服の範囲）は第1審同様，控訴審の口頭弁論終結時までは変更できるのが原則です。

　このように，控訴審の審理は，実質的には第1審を基礎にして継続（続行）されるわけです。ですから，控訴審の審理は証人調べも行われず，1回ないし2回で終了してしまうことも珍しくありませんし，審理期間も第1審に比べてずっと短いのが普通です。

2　控訴審の判決書

　控訴審の判決も，第1審と同様に口頭弁論終結時を基準として判断がなされますが，控訴審の判決の特徴は「事実および理由」について第1審の判決を引用できる点にあります。その結果，第1審の判決書はいかなる事件にせよ，その判決書自体を読めばその内容が

理解できますが，控訴審の判決書は第1審の判決を引用したり（この意味は，第1審判決の内容をそのまま引用して記載するのではなく，単に「原判決○頁○行目から○行目までのとおりであるからこれを引用する」と記載するだけです。コラム「判決書はどんなもの？」の（2）の判決をみて下さい。），付加や削除といった訂正が入ったりしますので，それだけを読んでも何がなんだかわからない場合が出てきます。

　以下，第1審判決の場合と同様，当事者欄から順を追って説明します。

　　当　事　者

　これは第1審判決について誰が控訴したのかを表示することになりますので，控訴人○○，被控訴人○○といった単純な記載もあれば，当事者双方が控訴した場合のように，1号事件控訴人（2号事件被控訴人）○○，2号事件控訴人（1号事件被控訴人）○○，といった記載もあります。

　三菱重工業神戸造船所（振動障害）事件（大阪高判平成11・3・30労働判例771号62頁）では次のとおり表示されています。

　第1審の被告であった三菱重工業株式会社は，平成6年㈱第1839号・平成7年㈱第2129号事件について控訴人であり，平成6年㈱第1977号事件については被控訴人となっているということになります。

> 平成6年㈱第1839号事件控訴人，同年㈱第1977号事件被控訴人，
> 平成7年㈱第2129号事件控訴人（以下「1審被告」という。）
> 　　　　　　　　　　　　　　　　　　　　三菱重工業株式会社
> 　右代表者代表取締役　　　　　　　　　　　　　　　　　　A

　　主　　　文

これは，第1審判決書で述べたのと同様，当事者の不服申立（請求）に対する裁判所の回答．結論ですから，第1審判決を引用することはできません。

　すなわち，不服申立が容れられたのか，容れられなかったのかという結論が示されます。前掲・三菱重工業神戸造船所（振動障害）事件では次のように表示されています。それぞれの当事者が行った控訴について，理由がないものとしていずれも棄却をしていることを意味しています。

　主文第1項の但書は，原判決の当事者の表示について，その後の事情変更や記載に誤記があったとして訂正（裁判用語でいうと更正）しています。

　　　　　主　　文
一　本件各控訴をいずれも棄却する。
　ただし，原判決主文中の1審原告のうちの「康泰華」とあるのを「康泰華」と，「斉木福右ヱ門」とあるのを「齋木福右衞門」と，「同久保重彦」とあるのを「亡久保重彦訴訟承継人1審原告久保勝實」とそれぞれ更正する。

　控訴棄却の場合の1番単純な記載は，「本件控訴を棄却する。控訴費用は控訴人の負担とする」というものです。

　次に，控訴の理由があり，原判決を1部変更する場合の主文の表示は，次のような形になります。システムコンサルタント事件（東京高判平成11・7・28労働判例770号58頁）を例に取れば，第1審の判決が，主文第1項の範囲で変更されたこと，主文第2項により第1審原告らの控訴が棄却されたことがわかります。なお，当事者の双方が控訴した場合は，1人が控訴人と被控訴人の立場を両方持ちますので，（1審原告・1審被告）といったような略称をするのが通例です（前掲・三菱重工業事件の当事者部分参照）。

> 　　　　主　文
> 一　1審被告の控訴に基づき，原判決を次のとおり変更する。
> 1　1審被告は，1審原告月子に対し，2158万0846円及びこれに対する平成3年3月12日から支払済みまで年5分の割合による金員を支払え。
> 2　1審被告は，1審原告太郎及び1審原告花子に対し，それぞれ539万5212円並びにこれらに対する平成3年3月12日から支払済みまで年5分の割合による金員をそれぞれ支払え。
> 3　1審原告らのその余の請求をいずれも棄却する。
> 4　右1，2は仮に執行することができる。
> 二　1審原告らの控訴をいずれも棄却する。

同様に，次の神奈川県立外語短期大学（名誉毀損）事件（東京高判平成11・6・8労働判例770号129頁）では，第1審判決が1部変更されて，被控訴人に対する60万円と遅延損害金の支払いが命じられたことがわかります。

> 　　　　主　文
> 一　原判決中控訴人に関する部分を次のとおり変更する。
> 二　被控訴人は控訴人に対し，60万円及びこれに対する平成6年10月23日から支払済みまで年5分の割合による金員を支払え。
> 三　控訴人のその余の請求を棄却する。

なお，原判決と結論が完全に異なる場合には，「原判決を取り消す」という主文が最初に入ります。そして，控訴審での結論が次に述べられることになります。

事実および理由

① 当事者の求めた裁判

「当事者の求めた裁判」とか「控訴の趣旨」と題された部分です。要するに，当事者がどのような不服申立をしたかが記載されていま

す。

これは，不服申立の上限を画するものであり，この範囲において不服申立の理由があるかないかを判断することになり，判決がなされるわけです。(前掲・神奈川県立外語短期大学(名誉毀損)事件では，次のように表示されています。)

> 第1　当事者の求めた裁判
> 一　控訴人
> 1　原判決を取り消す。
> 2　被控訴人は控訴人に対し，100万円及びこれに対する平成6年10月23日から支払済みまで年5分の割合による金員を支払え。
> 3　訴訟費用は，第1，第2審とも被控訴人の負担とする。
> 4　仮執行宣言
> 二　被控訴人
> 控訴棄却

その他の申立(請求)については，第1審の場合と同様ですが，控訴審で請求を拡張したり，減縮したりするなどの変更が可能ですので，その場合はどの部分を変更したかを明確に記載します。

例えば，豊和運輸事件(大阪高判平成10・12・24労働判例761号105頁)では，次のとおり，控訴審で労働契約上の権利を有する地位にあることの確認請求が取り下げられ，金銭請求も1部につき取下げがあり，減縮されたことがわかります。

> 二　被控訴人の附帯控訴の趣旨
> 1　原判決主文第2，3項を次のとおり変更する。
> 　控訴人は，被控訴人に対し，338万0136円及びうち4万0136円に対する平成8年10月16日から支払済みまで年6分の，うち100万円に対する平成9年12月3日から支払済みまで年5分の各割合による金員を支払え(当審において，被控訴人が控訴人の経営する

> 運送業において長距離トラック運転手として勤務する労働契約上の権利を有する地位にあることの確認請求は取下げられ，被控訴人の控訴人に対する金員請求は減縮〔平成10年6月から控訴人が被控訴人を長距離トラック運転手として勤務させるまで，毎月28日限り各9万円の支払請求，慰謝料請求のうち，100万円及びこれに対する平成9年12月3日から支払済みまで年5分の割合による遅延損害金請求を超える請求は取下げられた。〕された。）

　なお，この「附帯控訴」とは，相手方の控訴に伴った附随的な不服申立で，独立した控訴とは異なります。
　② 事案の概要
　事案の概要，争点，裁判所の判断といった判決書記載の順序は，第1審の場合と同様ですので，基本的な内容は，前節で述べたのと同じです。
　ところで，控訴審の判決書がわかりにくいのは，前に述べたように，控訴審の判決書は第1審判決書を引用することができるため，その引用部分が多いという点なのです。
　具体的にいえば，控訴審の判決書で第1審の判決を訂正する際，「次のとおり，訂正，削除，付加するほかは原判決○○頁○○行目から○○頁○○行目までのとおりであるから，これを引用する」「原判決○○頁○○行目から○○頁○○行目を次のとおり改める」「原判決○○頁○○行目の後に行を改めて次のとおり付加する」「原判決○○頁○○行目を削除し，○○行目に次のとおり加える」といった記載がなされることです。
　しかも，その○○頁○○行目というのは，原判決書そのものの表示ですから，判例雑誌などで掲載する際の頁や行とは関係がありません。したがって，控訴審の判決のみを第1審の判決書がないままに判例雑誌などで見ただけでは，原判決のどこがどのように修正さ

れたのかが判断できず、控訴審の判決そのものがわかりにくいという批判につながるのです。

以下、その点を具体的に説明します。

前掲・豊和運輸事件では、事案の概要も訂正され、当事者の主張も争点も訂正されています。しかし、これを読んだだけで修正の意味がわかる人はほとんどいないと思います。そこで『労働判例』等の判例雑誌では、編集部で判決書にいう原判決○○頁○○行目というのを本誌○○号○○頁○○段○○行目とカッコ書きし、読者の利便を図っています。

> 第2　事案の概要
> 　本件事案の概要は、次のとおり訂正、削除、付加するほか、原判決の事実及び理由第2事案の概要（原判決4頁3行目（本誌本号〈以下同じ〉109頁2段23行目）から同22頁4行目（112頁1段24行目）まで）のとおりであるから、これを引用する。

前掲・豊和運輸事件やコラムで紹介した更生会社三井埠頭事件では、控訴審判決に続けて付・原審として第1審の判決が同時掲載されていますので、まだ、対照できるかもしれません。しかし、通常の判決掲載の場合は、第1審の判決時点でそれが載り、控訴審の判決時点でそれが載るわけですから、掲載された号は異なるのが普通です。とすれば、訴訟当事者や判例の研究を行っている等の事情がない限り、第1審判決と比較して読むということはないのが普通でしょう。その点において、どうしても控訴審判決がわかりにくいという結論になってしまうのです。

裁判所の判断

これも②の事案の概要で述べたのと同様に、第1審判決の引用が可能です。したがって、②で述べたところと全く同様な表現が出て

きますので，同様の問題が起こるわけです。前掲・豊和運輸事件の例を入れておきます。

> 第3　当裁判所の判断
> 一　<u>当裁判所は，被控訴人の，(1)本件出勤停止処分の無効確認及びこれを前提とした労働契約に基づく賃金請求は理由があり，(2)控訴人が，被控訴人を長距離運送業務から違法に排除したことなどの不法行為に基づく損害賠償請求は，給料減少分相当額234万円及び慰謝料請求のうち50万円の支払を求める限度で理由があるから，その限度で認容し，その余は理由がないから，棄却すべきものと判断する。</u>その理由は，次のとおり付加，訂正，削除するほか，原判決の事実および理由第四争点に対する判断（原判決22頁8行目（112頁1段29行目）から同47頁4行目（116頁1段26行目）まで）のとおりであるから，これを引用する。
> 1　原判決22頁9行目（112頁2段1行目）の「（各項に掲記のもの）」の後に「並びに弁論の全趣旨」を加える。
> 2　原判決32頁9行目（113頁4段15行目）の「〈人証略〉」の前に「〈証拠略〉，」を加える。
> （以下略）

このような，控訴審判決書を見ただけでは何をいっているのかわからないとの批判に対して，実務家である裁判官から次のような見解がなされています。「控訴審のこのような引用判決だけを読んでも，一体なんのことが書いてあるのか全く分からないという当事者本人の苦情や不満」について「控訴審の引用判決は1審判決と対照して読むことを当然の前提としているので，この苦情や不満は当たらない」（塩崎勤『自由と正義』平成11年8月号89頁）。

しかし，私などは自分が代理人として関与した事件ですら，控訴審判決での付加・削除等の修正を第1審判決書に書き込んで，控訴審判決書を読みやすく作るのが大変な手間であるというのが実情で

す。ましてや掲載誌を読んだ一般の方々は，そのような修正をきちんと施した判決書を作成することなどしないのではないでしょうか。

このような批判があるためかどうかはわかりませんが，最近の控訴審の判決書では，第１審判決の若干の修正では済まない場合（労働事件の多くはこれに該当するように思います），控訴審の判断や解釈をある程度明確に記載する（控訴審の判決書だけを見てもわかるように記載する）という方法が採られてきているように思います。特に，事案の概要や争点欄は別として，「裁判所の判断」部分については，独立した項目を設けて，第１審の引用や訂正ではなく，控訴審での判断や解釈について具体的に記載されている例があります。例えば，争点ごとに「当裁判所の見解」という項目を設けたり，理由の最後の部分に「補足」という項目を設けたりして控訴審裁判所の見解を簡潔に記載するといった方法が採られています。

大阪地労委（日本貨物鉄道）事件（大阪高判平成11・４・８労働判例769号72頁）では「当裁判所の判断のあらまし」という項目を設けて，簡潔に結論を記載し，控訴人の主張に対して「検討」という項目を設け，かなり詳細に控訴審の解釈を述べています。

> ２　当裁判所の判断のあらまし
> 　当裁判所は，大要次のとおり判断する。
> 　㈠　労働委員会が事件の審理に必要と認めて出頭を求めるものである以上，その証人の出頭及び証言は，すべて労基法７条の公の職務執行行為に当たる。
> 　㈡　労働委員会における不当労働行為救済申立事件の申立人が証人となった場合と，その余の証人とを区別して取り扱うことには合理的理由がない。
> 　㈢　控訴人就業規則78条１項５号によれば，甲が本件出頭に要

> した時間は有給になる場合に該当する。
> 　㈣　控訴人が使用者申請により証人となった従業員を有給として取り扱いながら，同じく証人となった申立人である甲を無給として取り扱ったのは，労組法7条4号所定の不当労働行為の救済の申立をしたことを理由として不利益な取扱をすることにあたり，不当労働行為に該当する。
> （中略）
> ２　検討
> 　㈠　控訴人の右主張は以下のとおり不当労働行為ないし労働委員会によるその救済命令制度に対する誤った見解に基づくもので採用できない。
> 　㈡　不当労働行為ないしこれに対する労働委員会の救済命令制度は，前示原判決の引用により説示したとおりであって，労働組合法7条の不当労働行為の制度は，労働者の団結権及び団体行動権の保護を目的とし，これらの権利を侵害する使用者の一定の行為を不当労働行為として禁止するものである。
> （以下略）

現在はこのような改善がなされている判決も多くなりました。当事者にとっても，第1審の判決書そのものを見ることのできない一般の方にとってもありがたいと思います。

第4節　上告審の判決書

1　上告審の役割

上告審は，通常，最高裁判所ということになります（控訴審が地方裁判所の場合には，上告審は高等裁判所となります）。最高裁判所の役割は，重要な法律解釈について統一的見解を明らかにすることですから，原則として事実認定について第1審や第2審のように

判断することはありません。第2審において確定した事実関係に基づき，法律解釈が正しいかどうかの判断を行うのが基本的な役割です。したがって，判例としての重要性は高等裁判所や地方裁判所の判決と比べて比較にならないほどであり，実務に与える影響も大きいのです。その意味で最高裁判決（決定）のみが判例だという人もいるくらいです。

2　上告審の判決と決定

　上告審を重要な法律解釈の場としての役割にしぼるために，民事訴訟法の改正（平成10年1月1日施行）によって，それまでは（裁判所が指定する期日までに上告理由書を提出することを条件として）全件上告を受理していたのを止め，控訴審の判決に憲法違反があるとか，判決に関与できない裁判官が判決に関与したなど（民訴法312条）といったきわめて例外的な事由があれば上告理由となりますが，それ以外は，①過去の最高裁判所の判例・高等裁判所の判例等に反する，②法令の解釈に関する重要な事項がある，といった問題（民事訴訟法318条1項に定める事項）に上告を制限する，上告受理制度が発足しました。したがって，原則として最高裁判所が上告を受理するか否かを決定することになりました。

　そして，上告受理の申立が右で述べた民事訴訟法318条1項に定める事項に該当しない場合には，上告を受理しないとの決定がなされるのです（件数的にはこれが多いと思われます）。この具体例は次のとおりです（ＪＲ東日本（神奈川・国労バッジ）事件・最一小判平成11・11・11労働判例770号32頁）。

> 【決　　定】
> （当事者略）
> 　右当事者間の東京高等裁判所平成9年(ﾈ)第112号労働委員会救済命令取消請求事件について，同裁判所が平成11年2月24日に言い渡した判決に対し，申立人から上告受理の申立てがあったが，申立ての理由によれば，本件は，民訴法318条1項の事件に当たらない。
> 　よって，当裁判所は，裁判官全員一致の意見で，次のとおり決定する。
> 　　　　主　　文
> 　本件を上告審として受理しない。
> 　申立費用は申立人の負担とする。
> 　平成11年11月11日
> 　　　最高裁判所第一小法廷
> 　　　　　　　　　　　　　裁判長裁判官　　大出　　峻郎
> 　　　　　　　　　　　　　　　裁判官　　小野　　幹雄
> 　　　　　　　　　　　　　　　裁判官　　遠藤　　光男
> 　　　　　　　　　　　　　　　裁判官　　井嶋　　一友
> 　　　　　　　　　　　　　　　裁判官　　藤井　　正雄

　この決定には主文のみで理由がありません。実際の訴訟を担当する者としては，上告受理申立理由がなぜ民事訴訟法318条1項の内容に該当しないのかを明示してほしいのですが，上のようなあまりに簡潔な結論だけが示される結果となります。

　次に，上告を受理したうえで上告を棄却する場合は判決としてなされます。具体的な例は次のようなものです（金沢セクハラ（損害賠償）事件・最二小判平成11・7・16労働判例767号14頁）。

> 【判　　決】
>
> (当事者略)
>
> 　右当事者間の名古屋高等裁判所金沢支部平成6年(ネ)第98号，第103号損害賠償請求事件について，同裁判所が平成8年10月30日に言い渡した判決に対し，上告人らから上告があった。よって，当裁判所は次のとおり判決する。
>
> 　　　主　　文
>
> 　本件上告を棄却する。
>
> 　上告費用は上告人らの負担とする。
>
> 　　　理　　由
>
> 　上告代理人A，同B，同Cの上告理由について
>
> 　被上告人の被った精神的損害に対する慰謝料の額は120万円が相当であるとして被上告人の上告人らに対する本件損害賠償請求の一部を認容した原審の認定判断は，原判決挙示の証拠関係に照らし，正当として是認することができる。原判決に所論の違法はない。論旨は，原審の専権に属する証拠の取捨判断，事実の認定を非難するか，又は原審の裁量に属する慰謝料額の算定の不当をいうものにすぎず，採用することができない。
>
> 　よって，裁判官全員一致の意見で，主文のとおり判決する。
>
> 　最高裁判所第二小法廷
>
> 　　　　　　　　　　　　　　裁判長裁判官　　福田　　　博
> 　　　　　　　　　　　　　　　　裁判官　　河合　伸一
> 　　　　　　　　　　　　　　　　裁判官　　北川　弘治
> 　　　　　　　　　　　　　　　　裁判官　　亀山　継夫
> 　　　　　　　　　　　　　　　　裁判官　　梶谷　　　玄

　判決は，「主文」と「理由」の2つから構成されています。この理由が本来の理由といえるのか，単なる結論ではないのかという批判もありますが，理由中の文章は上告棄却における典型的なもので，俗に三行判決とか三くだり半判決などとも称されています。

一方，教科書等で引用されるような，最高裁判所が法律解釈について縷々述べる場合は，上告を棄却するにせよ，上告に理由があるとして原判決を破棄するにせよ，そのまま読めばよいわけです。第2審判決書のように引用部分はありませんので，むしろ読みやすいとさえいえます。

ただし，詳しく理由を述べて法律判断を行う事例は，件数的にはきわめて少ないのです。その例として，理由を詳細に述べている佐伯労基署長（アーク溶接）事件（最三小判平成11・10・12労働判例769号16頁）を挙げておきます。

【判　　決】
(当事者略)
　右当事者間の福岡高等裁判所平成3年(ﾈ)第7号遺族補償給付等不支給処分取消請求事件について，同裁判所が平成6年11月30日に言い渡した判決に対し，上告人から上告があった。よって，当裁判所は次のとおり判決する。
　　　主　　文
　本件上告を棄却する。
　上告費用は上告人の負担とする。
　　　理　　由
　上告代理人A，同B，同C，同D，同E，同F，同G，同Hの上告理由について
一　本件は，長年にわたり粉じん作業に従事しじん肺及びこれに合併する肺結核にり患した後に原発性肺がんにより死亡した労働者の遺族である上告人が，右肺がんによる死亡は業務に起因するものであるとして，労働者災害補償保険法に基づいて遺族補償給付及び葬祭料の支給を請求したが，被上告人からこれらを支給しない旨の処分を受けたため，その取消しを求める事件である。
(中略)
　これらの検討結果等を総合すると，現時点においては，じん肺

と肺がんとの間に，病理学的因果関係はもとより，疫学的因果関係の存在もいまだこれを確証することができない。結局，現在の医学的知見では，じん肺と肺がんとの間の関連性が示唆されているにとどまり，直ちに高度の蓋然性をもって両者の間の一般的因果関係を認めるに至っていない。

(中略)

そうすると，原審の適法に確定した前記事実関係によれば，太郎（原文では実名）の従事した粉じん作業が直接的又は間接的に同人の肺がんを招来したという関係を是認し得る高度の蓋然性が証明されたとまではいまだいえず，右の因果関係につき通常人が疑いを差し挟まない程度に真実性の確信を持つにはいまだ不十分であるとする趣旨の原審の前記判断は，正当として是認すべきものというほかはない。

論旨は，結局，原審の専権に属する証拠の取捨判断，事実の認定を非難するか，又は独自の見解に立って若しくは原判決の結論に影響しない点につきその違法をいうものであって，採用することができない。

よって，裁判官全員一致の意見で，主文のとおり判決する。

最高裁判所第三小法廷

> 裁判長裁判官　千種　秀夫
> 裁判官　元原　利文
> 裁判官　金谷　利廣
> 裁判官　奥田　昌道

第3章
仮処分事件と決定書

第1節　仮処分命令について

　前章では、原告と被告を当事者とする裁判の判決について、第1審から上告審まで述べてきました。これらの裁判は、原告の請求権（権利）があるのかどうかを最終的に定める手続きでした。

　労働事件においては、このような権利の存否を最終的に決定する裁判とともに、仮処分命令申立手続き（以下では、仮処分とか仮処分手続きといいます）も多く利用されています。本章ではこの仮処分の決定書について説明してみます(なお仮処分と対比する意味で、前者を本案事件とか本案裁判と呼ぶことがあります)。

第2節　仮処分事件の決定書のルール

　仮処分事件の場合は，本案事件の「判決」と違い「決定」と表示されています。労働大学事件（前掲・コラム「判決書はどんなもの」）を参考に，その決定書の読み方を解説します。

1　事件の表示
　決定年月日や事件番号，そのあとにある「一部認容　一部却下」といった部分の読み方は，判決書の場合と全く同様で，事件名も同

様です。なお，事件番号の「ヨ」というのは仮処分事件を示す特有の番号です。

> 労働大学事件
> ～東京地裁　平13・5・17決定～

> (平11(ヨ)21046号　地位保全等仮処分命令申立)
> (一部認容　一部却下)

2　当事者の表示

本案事件でいう原告が「債権者」，被告が「債務者」という表示になります。つまり，仮処分命令を申し立てた者が債権者，申し立てられた者が債務者ということです。

債権者	甲
債権者	乙
債権者ら代理人弁護士	X
債務者	労働大学
代表者理事長	N
代理人弁護士	Y
(以下略)	

3　主　文

主文と題され，次のとおり表示された部分です。

> 　　　　主　文
> 1　債務者は，債権者甲に対し，平成13年5月から平成14年4月まで毎月25日限り，金23万円を仮に支払え。
> 2　債務者は，債権者乙に対し，平成13年5月から平成14年4月

> まで毎月25日限り金23万円を仮に支払え。
> 3　債権者らのその余の申立てをいずれも却下する。
> 4　申立費用は債務者の負担とする。

　主文は，仮処分申立に対する裁判所の結論を示したものですから，本案事件の場合と同様，一番重要な部分です。本案事件と異なり，仮処分ではあくまで暫定的措置を命じているために，「……を仮に支払え」と表示されます。

　第3項の申立費用の負担については，本案事件の訴訟費用の負担の場合と同様に解釈すればよいわけですが（本案事件同様弁護士費用は申立費用に含まれません），仮処分事件は申立手続きですので，「申立費用」と表示されます。

　ところで，本案事件については，事件が確定する前に金銭の仮執行をするためには仮執行宣言が必要ですが，仮処分の場合は，それ自体で仮執行の意味をもちますので，仮執行宣言は付されません。

　債権者の申立が理由がないとされた場合は，申立が却下されます（本案の判決では，原告の言い分が認められない場合として「棄却」，あるいは，「却下」の2つがありますが，仮処分の場合は常に「却下」と表示されます）。この場合，主文は次のようになります（埼京タクシー事件・浦和地決平成11・8・20労働判例774号55頁）。

> 　　　　主　　　文
> 1　本件申立を却下する。
> 2　申立費用は債権者の負担とする。

4　事実及び理由

　申立，事案の概要，裁判所の判断という順で構成されており，これは本案事件の場合と同様です。したがって，決定書の読み方は，基本的に本案の場合と同様ですが，仮処分決定に特有な点について

もいくつか述べておきます。

申立及び事案の概要

申立欄は債権者の求める仮処分申立内容の要約を記載したものですが、労働大学事件では次のような3点が記載されています。

> 第1　申立
> 1　債権者らが、債務者に対し労働契約上の地位を有することを仮に定める。
> 2　債務者は、債権者甲に対し、平成13年5月以降本案判決の確定に至るまで毎月25日限り金23万3048円を仮に支払え。
> 3　債務者は、債権者乙に対し、平成13年5月以降本案判決の確定に至るまで毎月25日限り金23万1000円を仮に支払え。

事案の概要欄では次のように記載されています。

> 第2　事案の概要
> 　本件は、債務者に雇用されていた債権者らが、債務者に人員整理を目的として解雇されたが、同解雇は無効であるとして、債務者に対し債権者らが労働契約上の地位を有することの仮の確認及び賃金の仮払いを求める事案である。

この申立をめぐって決定がなされるのですが、事案の概要欄にあるように、債権者の主張どおり、解雇が無効とされた場合でも、直ちにこのような申立を認容するかどうかは別の問題となります。ここで、後述の保全の必要性の議論が出てくることになるのです（本案事件ではこのような議論は必要ありません）。

また、賃金の仮払いを求める申立欄の第3項部分についても、仮払いをすべき対象期間や仮払い金額について、やはりどこまで必要があるのかという問題が発生します。

事案の概要の具体的記載例

事案の概要欄以下は、本案事件の場合と同様、どのような類型の

紛争であるかを明らかにし、続いて「争いのない事実」および「争点」という順に記載されていきます。その内容は本案事件の場合とほとんど同様に読んでいけばよく、争点欄において、「債権者の主張」「債務者の主張」を項目を立てて記載する場合があることも同様です。以下に、その具体例を示しておきます（前掲・労働大学事件より）。

```
2  争点
(1)  被保全権利について
     本件解雇は有効か。
(2)  保全の必要性について
3  争点に関する当事者の主張の要旨
(1)  債務者の主張
(以下略)
```

5　裁判所の判断

この部分で本案判決同様、裁判所の当該事案に対する判断が示されることになります。したがって、事例ごとにその記載内容が変わってくることは当然ですが、争点ごとに裁判所の法的判断（事実認定・法律解釈）が述べられていくのが通常の形式であり、本案事件の場合と同様です。

また、事実の認定とそれを裏づける証拠の記載方法や、裁判所の法律解釈等の記載方法もほぼ本案事件の場合と同様です。ただし、本案事件の場合にあった「口頭弁論終結の日」の記載はありません。これは、本案事件が公開の法廷で口頭弁論の期日を経て判決に至るのと異なり、仮処分手続きでは、原則として審尋という手続きで双方から事情を聴取し、提出された証拠（正確には疎明資料といいます）から決定を出すわけですので、仮処分の決定日（決定が出され

た日）が記載されるだけです。

以下に，その具体例を示しておきます（前掲・労働大学事件より）。

> 5　よって，本件申立は主文第1項および第2項の限度で理由が
> あるから，担保を立てさせないでこれを認容し，主文のとおり決
> 定する。
> 　平成13年5月17日
> 　　　　　　　　　　　　　　　東京地方裁判所民事第19部
> 　　　　　　　　　　　　　　　　　　　　裁判官　吉崎　佳弥

コラム
法廷をのぞいてみる

　みなさんは法廷を傍聴したことがありますか。法廷の様子を示したものが次の図です。これは民事事件をモデルにしたものです。

　(1)　裁判は1人の裁判官で行う事件（単独事件と呼ばれる）と，3人の裁判官で行う事件（合議事件と呼ばれる）とがあります。図は，合議事件をモデルにしていますが，単独事件の場合は真中の裁判官しかいないことになります。

　合議事件の場合，中央の裁判官を裁判長，裁判長から見て右側（傍聴席から見れば左側）の裁判官を右陪席裁判官，裁判長から見て左側（傍聴席から見れば右側）の裁判官を左陪席裁判官と呼びます。普通は，裁判長が1番年配（裁判官としての経歴が古い）で，次が右陪席裁判官，1番若い（裁判官としての経歴が新しい）のが左陪席裁判官です。

　(2)　裁判所の法廷には，裁判官ばかりではなくその他の職員として，書記官，速記官がいます。ただし，速記官は証人尋問の際に在廷する場合があるだけであり，いつもいるわけではありません。

　法廷以外で電話をしたり，書類を受領したりするといった事務処理手続きでは，書記官が事件の当事者（代理人を含む）との応対にあたるのが通常で，裁判官が直接応対したり，連絡したりすることはないのが普通です。

　なお，刑事事件においては，原告とか被告という概念がありませんから，被告人および被告人が選任した弁護人，公訴を提起した検察官といった三者の関係になります。民事事件の法廷モデルでいう原告代理人弁護士の席に検察官が着き，被告代理人弁護士の席に弁護人，その前に被告人が着くというイメージになります。

第Ⅰ部 労働事件を判例から学ぶ

```
            ┌──────────────────────────┐
            │ 右陪席            左陪席  │
            │ 裁判官   裁判長   裁判官 │
            └──────────────────────────┘

                    ┌─────┬─────┐
                    │書記官│速記官│
                    └─────┴─────┘

   ┌───┐                              ┌───┐
   │原 │                              │被 │
   │告 │                              │告 │
   │代 │                              │代 │
   │理 │        ┌─────┐               │理 │
   │人 │        │証言台│               │人 │
   │弁 │        └─────┘               │弁 │
   │護 │         証人                 │護 │
   │士 │                              │士 │
   └───┘                              └───┘


                傍  聴  席

                 （傍聴人）
```

第Ⅱ部
労働事件の当事者になったら

第1章
本案事件と仮処分事件

第1節　はじめに

　第Ⅰ部では，本案事件の判決書や仮処分事件の決定書についてその読み方やルールを述べてきました。判決書や決定書は，訴訟手続きや申立手続きの最終ゴールでした。そこで第Ⅱ部では，この最終ゴールに至る訴訟や仮処分の実際の手続きの概略を説明します。

第2節　裁判とは

　裁判は，原告となる者が裁判所に訴状を提出することによって開始されます。なお，以下は本案事件を前提に説明します。労働事件においては仮処分事件も重要ですが，仮処分については次節において論ずることにします。

　原告が裁判所に提訴した場合，仮処分の場合と同様，書式例のような呼出状が裁判所から被告である会社に送られてきます。

　訴状を提出した人や会社，すなわち，訴えた側を原告と呼び，訴えられた側を被告と呼びます（なお，テレビドラマなどでよく放映されるのは刑事事件です。起訴された人を被告人と呼び〔被告ではない〕，被告人には弁護人がつきます。起訴をした検察官も存在しますが，検察官は原告とはいいません。したがって，民事事件のよ

```
事件番号　平成○年(ワ)第1234号
                                            平成○年○月○日

              口頭弁論期日呼出及び答弁書催告状

被告　　　　㈱　殿
　　　代表者代表取締役
                 東京地方裁判所民事第11部　合議　係

                      裁判所書記官　　某        ［印］

           ＴＥＬ：              内線（     ）
           ＦＡＸ：
原告　○　○　から訴状が提出されました。
第1回口頭弁論期日は平成○年○月○日　　午後1時10分　　と定めら
れましたから，同期日に当裁判所　　　710号法廷　　　に出廷
してください。なお，訴状を送達しますから　　平成○年○月○日
までに答弁書を提出してください。
              (出頭の際には，この呼出状を法廷で示してください。)
```

書式例

うな原告・被告という関係には立ちません)。

　原告・被告とも，弁護士をつけて訴訟を遂行させるかどうかは自由です（弁護士がつかない訴訟の場合を本人訴訟と呼ぶことがあります）。

　前掲・中労委（西神テトラパック）事件では2つの事件が併合されて，甲事件の原告（被告），乙事件の原告（被告），甲乙事件の被告補助参加人がそれぞれいることになっています。補助参加人とは，事件の結果に利害関係を持つことから，原告や被告の訴訟遂行

を補助するために訴訟に参加する者です。労働事件においては，労働委員会命令の行政処分の効力を争う訴訟が1つの類型としてありますが，この場合，国や都道府県（実際上の手続きは命令を発布した労働委員会が行う）が常に被告になりますので，この中労委（西神テトラパック）事件のように，労働組合や会社が被告補助参加人となるわけです。

　裁判所の訴訟手続きにおいては，当事者双方の主張を整理したうえで，証拠調べ（証人として証言をさせる場合，原告や被告が本人として供述をする場合，書証の取調べをする場合などがあります）が行われます。

　この過程で，当事者双方がお互いに歩み寄って和解をするケースがあります。通常は裁判所（裁判官）が間に入って和解手続きが行われ，当事者双方が合意した場合には和解調書を作成し，訴訟手続きは終了します。この和解調書は，判決と同様な効力を有しますが，和解内容が判例雑誌などに掲載されることはまずありません。

　このように，和解で事件が解決し終了するケースは，一般民事事件でも労働事件でも相当多くあります。和解で解決する一番のメリットは，お互いの合意によるわけですから，和解した時点で確定し，判決のように不服がある当事者がさらに上訴することによって，事件の決着が延びることがないことです。

　このように，裁判所に提起された事件がすべて判決という形で結論が示されるわけではなく，また，和解で終了した場合は，判例雑誌などには載らないということを理解してください。

　なお，特殊な例として，原告の請求を被告が争わず認めた場合には「請求の認諾」となり，認諾調書が作成されて，和解の場合と同様，判決に至らず裁判は終了します。

　和解や認諾となった場合には，事件自体がその段階で終了します

が，判決となった場合には，その判決に不服がある当事者（敗訴・一部勝訴した者）は上訴して再度裁判所の審判を仰ぐことができます。したがって，判決が出て当事者双方が上訴しなければ，その判決どおりで事件は確定します。一方，当事者のいずれかあるいは双方が上訴すれば事件は確定せず，決着しないことになります。

第3節　仮処分とは

　仮処分は，本案事件を継続するのに経済的な困難があるとか，仮に後日本案事件で勝訴しても，その実効性が期待できないといった，本案事件の確定を待てない事情がある場合（緊急性や必要性の要件といいます）になされる暫定的な措置です。通常は，本案事件を提起するのと同時に，あるいは本案事件を提起する前に仮処分命令の申立を行います。

　仮処分は民事保全法に基づく措置ですから，特段労働事件だけの措置ではありません。しかし，一般民事事件に比べて，労働事件では仮処分手続きが多用され，また労働事件では，この仮処分命令の結果が事実上労使間の紛争の帰趨を決めたり，本案事件にも重大な影響を与えるのが現実です。したがって，仮処分事件をあくまで仮の処分（措置）だから本案事件で頑張ればよいといって甘く見ていると，大変なことになってしまいます。

　どのような場合に仮処分が申し立てられ，命令が出されるかといいますと，1つの典型的な事例は，労働者が会社から解雇され，解雇無効を主張して本案裁判を起こす場合です。解雇された場合には解雇時以降の賃金は出ませんので，本案裁判の決着がつくまでの間，生活を維持し，訴訟を継続するために，賃金の仮払いを求めるというケースです。

もう1つの典型的な事例は，右のような金銭の仮払いを求めるのではなく，相手方から妨害行為があり，それを排除しておかないと申立人に重大な影響があるというケースです。

　例えば，労働事件では，配転命令などの業務命令の効力停止を求める仮処分や組合活動への妨害禁止を求める仮処分などがありますが，これらは労働者側からの申立となります。

　また，使用者側からの申立による仮処分の例としては，業務への妨害行為の禁止の仮処分や組合員の会社施設への立入り禁止の仮処分などがあります。このように，仮処分は労働者側からだけの申立というわけではありません。

　仮処分事件にあっては，本案事件と同様，申立人にそのような権利があるのか否かという問題（被保全権利の要件）の他に，仮処分命令を出す必要性・緊急性があるか否かという問題（保全の必要性の要件）があり，両者の要件が必要になります。この結果，被保全権利の要件は満たしていても，保全の必要性がないとして申立が却下されることもあります。

　例えば，労働者が解雇されて仮処分命令の申立がなされた場合，仮処分手続きにおいてその解雇は無効らしいということになっても，その労働者に資産が多くあり（例えば多額の家賃収入があるという想定をしてみてください），生活が十分に維持できるのであれば，本案事件の継続やその決着を待つことに支障はないからです（本案事件で解雇無効となれば，労働契約上の地位が確認されるとともに，解雇以降の未払い賃金分は支払われます）。

　労働事件で見られる地位保全の仮処分などは，仮の地位を定める仮処分となりますから，債務者（この場合は使用者）に与える打撃が大きく，また，密行性（相手方に通知せずひそかに手続きを行うこと）が要求されない場合が多いので，裁判所がこのような仮処分

を発令するためには、債務者の言い分を聞くための場を設けるのが原則です。したがって、通常は債務者の言い分を聞くために「審尋期日」を裁判所が定めて債務者に対する呼出しをします。審尋期日は具体的な日時（○月○日午前あるいは午後○時○分）が指定されます。

　債務者（または委任された弁護士）がこの期日に出頭しないとか、言い分を記載した書面を出さないといった場合には、債権者（この場合は労働者）の言い分だけで仮処分命令が発令されてしまう可能性がありますので、注意を要します。

コラム
労働委員会とは

　労働事件では、労働委員会という組織名がよくきかれます。労働委員会とはどのような組織なのでしょうか？

　不当労働行為救済申立手続きというものが、民事事件として裁判所における通常の訴訟（民事訴訟）以外の手続きとしてあります。これは、裁判所という司法判断の場のほかに労働委員会という特別な行政機関を設けて不当労働行為の審査、判定を行わせるものですが、迅速、簡易な手続きによって実質的に団結権を保障（もしくは団結権の保障を前提とした公正な労使関係を形成）しようとするものです。

　すなわち、使用者による団結権侵害行為がなされて、公正な労使関係がそこなわれた場合、それに対する救済を裁判所における訴訟手続きを通じて損害賠償その他の方法によって行うとすれば、裁判手続きの形式性、厳密性、非迅速性などから見て、なかなか大変です。そこで、不当労働行為からの救済を担当する専門的な行政機関として労働委員会が設けられたものであり、手続きの迅速性と簡易性、救済内容の実質性が労働委員会制度の目的ということができます。

　労働委員会は、必ずしも命令を発することを目的とするのではなく、労働委員会の場を通じて労使間に生じた紛議を円満に解決し、労使関係の安定を図ろうとするものですから、いわゆる和解による処理も多数あります。

　集団的労使関係においては、労使の自主性、自立性が尊重されるべきですから、労働委員会が積極的に労使のあり方に関与するということはなく、労働組合もしくは労働者からの申立を受けて行うということになるのが原則です。

　労働委員会は一般の行政機関と異なり、労使双方の代表者および公益の代表者（民間の有識者）の三者で構成するユニークな組織、機構を有していますが、不当労働行為救済申立を行えるのは労働組合もしくは労働者に限られ、使用者（会社）は申立権限がありません。

労働委員会は，各都道府県に1箇所ずつ設けられた労働委員会（例えば，東京都労働委員会）と，各県の労働委員会の命令について再審査を行う中央労働委員会（東京にあり，1つです）とがあります。

　各都道府県の労働委員会にしろ中央労働委員会にしろ，そこで出された命令は行政処分ですから，それに対して不満のある当事者は裁判所に対して取消請求という形で裁判を提起することができ，最終的に司法審査に服することになります。

　判例に出てくる不当労働行為救済命令取消請求事件というのは，このタイプで，いわゆる行政訴訟ということになりますが，常に被告は命令を発布した労働委員会の属する国又は都道府県ということになります。

コラム
労働審判

　労働審判は，平成18年4月から開始された制度です（司法制度改革の1つとして始まりました）。現在，各地方裁判所の本庁（支部でない裁判所）と2支部のみが労働審判を扱っています。

　労働審判手続の特徴は，個別労働関係紛争を対象として，裁判官とともに労使から選任された審判員（2名）の専門的な知識・経験を活かして，合計3名が審判委員会を構成し，個別紛争をより早く，適正な解決を図るというものであり，原則3回以内の期日で審判までなされるということです（大体，第1回審判期日から審判まで3ヶ月以内となります）。

　従って，労働審判手続は第1回目から集中審理となり，かつ，書面による主張ではなく口頭でのプレゼンテーションが重要になるという特徴を有しています。

　もう1つの特徴は，当事者の互譲による和解を早期に開始するということです。「調停による解決をいつでも試みることができる」となっており，和解（調停）が制度として予定されています。和解（調停）が成立すれば，裁判上の和解や判決と同一の効力を持ちます。一方，和解（調停）ができないときには，審判委員会は事案の実情に即した解決としての審判を下すこととなります。審判を当事者が受諾すれば事件は解決（終了）します。審判に不服がある当事者は，2週間以内に異議を申し立てることができ，異議の申立があった場合はなされた労働審判は失効し，労働審判申立時に遡って訴えの提起があったものとみなされます（自動的に本訴に移行するということになります）。

　このように，労働審判制度は，当初から和解（調停）を試み，かつ，3回以内の期日で終了し，審判がなされるという紛争の早期解決を目指す制度です。なお，労働審判手続きを選択するか，仮処分手続や通常訴訟の手続（本訴）を選択するかは申立人の自由です。

　労働審判は平成18年4月の制度発足後，その件数は全国で，平成18年（4

月〜12月）877件，平成19年1494件，平成20年2052件と年々増加しており，この増加傾向は今後も続くことが予想されています。制度として成功したものということができるでしょう。

第2章
仮処分申立から裁判へ

第1節　はじめに

　説明にあたり，労働事件では典型的なケースである配置転換命令拒否による解雇事案をモデルとします。

> モデルケース
> 　平成○年○月○日付けで会社が従業員に対して東京本社総務部から大阪支社営業部への配置転換を命じたところ，その配置転換命令を従業員が拒否し，大阪支社営業部へ2週間出社しなかったため，会社が平成○年○月○日付けでその従業員に対して懲戒解雇を行った。

　従業員が会社にある労働組合に所属していれば，その労働組合から配置転換について団体交渉の申入れがなされ，団体交渉で配置転換命令の撤回等が求められることがあります。また，その従業員が本件をきっかけに労働組合を結成したり，労働組合に加入した場合も同様に団体交渉の問題が起こります。

　配転命令について団体交渉で一定の解決ができれば問題はありませんが，合意が得られないまま解雇となれば，今度は解雇そのものを撤回することを議題とした団体交渉に移行するわけです。

　団体交渉で解決しなかった場合には，従業員本人あるいは所属する労働組合から，配転命令や解雇あるいは団交のやり方が不当労働

行為であるとして労働委員会に不当労働行為の救済申立がなされることがあります。この申立は、裁判所での手続き(仮処分を含む)とは全く別の手続きであり、従業員が労働組合に加入している限り起こりうることで、裁判所への仮処分申立や本案提訴と時間的にどちらが先という関係には立ちません(したがって、仮処分申立や本案提訴の前に救済申立がなされることもあれば、仮処分申立や本案提訴後に不当労働行為救済申立がなされることもあります)。

第2節　仮処分事件の流れ

1　仮処分の申立

　会社は従業員を懲戒解雇とした以上それ以降の賃金を支払うことはありませんし、会社施設内への立入りも禁止するのが通例です。そこで、解雇された従業員は解雇無効確認(従業員としての地位確認)訴訟や賃金請求訴訟を提起することになりますが、本案事件を維持し遂行していくために経済的困難があるとして、賃金仮払いや地位保全の仮処分を申し立てることが通例です(その申立内容については、資料編の③仮処分申立書の記載を参考にしてください)。

　なお、不当労働行為事件として労働委員会へ救済申立をする場合は労働組合が行うことが可能ですが、地位保全や賃金仮払いの仮処分申立はあくまでも解雇された従業員が債権者となって行うものであり、実質的にその従業員を所属労働組合が応援するとしてもそれはあくまでも実際上の話であり、裁判手続きにおいては労働組合は当事者とはなりません(このことは本案事件でも同様です)。

　仮処分の申立が裁判所に対してなされると、裁判所はその申立書を審査して、形式上の不備がなければ、債務者から意見(事情)を聞くために、審尋期日を設定して債務者に通知します。債務者(会

```
┌─────────────────────────────────────────────────────┐
│  債権者　　○　○　○　○　　　　債務者　　△　△　△　△      │
│  事件番号　　平成　○　年(ヨ)第　21234　号地位保全等仮処分申立事件 │
│  債　務　者                                          │
│  　代　表　者　　　　　　　　　平成　○　年　○　月　○　日  │
│  ＿＿＿＿＿＿＿＿＿殿                                  │
│  　　　　　　　　　　　東京地方裁判所民事第19部　　係      │
│                                                      │
│  　　　　　　　　　　　裁判所書記官　某　　　│ 印 │      │
│                                                      │
│  　　　　　　　審　尋　期　日　呼　出　状              │
│                                                      │
│  　審尋期日は，平成○年○月○日午後4時30分と定められましたので， │
│  当裁判所民事第19部書記官室（13階）に出頭してください。 │
│  　本件について提出する書面には，部名，事件番号，当事者名を必ず記 │
│  載してください。                                    │
│  　出頭の際には，この呼出状を示してください。         │
└─────────────────────────────────────────────────────┘
┌─────────────────────────────────────────────────────┐
│  　〒100―8920                                        │
│  　　東京都千代田区霞が関1－1－4                    │
│  　　東京地方裁判所　民事第19部                      │
│  　　　電話　03―3581―5411　内線                    │
└─────────────────────────────────────────────────────┘
```

書式例

社）への呼出状の書式例は上記のようなものです。

2　仮処分事件の経過

　仮処分の申立を認めるかどうかをめぐって，通常は数回審尋期日を設けて債務者・債権者双方から意見を聞きます。この意見を聞くやり方は，債権者・債務者ともその主張するところを書面にして提出するだけではなく，その主張を裏づける証拠も提出します。

　ただし，仮処分事件の場合，口頭弁論を開いて証人調べをするこ

とは通常ありませんので、すべて書面による審理となります。したがって、本案事件であれば証人が法廷で証言するようなことを、「陳述書」とか「報告書」といった題名の書面にして裁判所に提出します。

このように、双方の主張立証が一定程度尽きたところで、審尋を終了して、決定を出すことになりますが、何回審尋を開くとか、申立後何か月以内に命令を出すという規定や規則があるわけではありません。しかし、仮処分事件である以上、緊急性があるとして申し立てられたはずですから、いつまでも審尋を続けるということはなく、「ある程度の期間」で判断し、決定を出すことになります。

労働仮処分事件における全国の地方裁判所の平均審理期間は、現在では3か月から4か月程度です。もっとも、この期間は事案の難易に関係なく平均したものなので、事案によって異なることは当然ですが、1つの参考にはなるでしょう。

3　仮処分における和解手続き

労働仮処分事件においても、和解手続きが行われます。労働事件は通常の民事事件と比べて和解が難しい面が多いのですが、裁判所は普通最低1回は和解の打診をします。その時期は特に決まっていませんので、労使双方が主張書面を提出するのと並行して和解手続きを行う場合もあれば、ある程度主張書面や証拠が出そろった段階で和解手続きに入る場合もあります。個々の事案や裁判所の考え方によってその時期はさまざまで、当事者から和解手続きを開始してもらいたいと希望する場合もあります。

和解となれば、本案申立やその後の控訴等がありませんので、裁判所も和解に積極的に対処（関与）するのが通例です。和解が成立すれば事件は終了しますが、残念ながら和解が困難である場合には

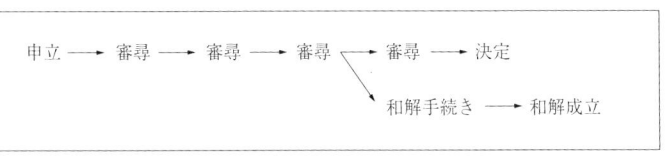

```
申立 ── 審尋 ── 審尋 ── 審尋 ─┬─ 審尋 ── 決定
                              │
                              └─ 和解手続き ── 和解成立
```

仮処分の流れ

仮処分決定となります。

仮処分事件での申立からの経過を図示すると，上の図のようになります。

4　保全の必要性について

最初に，仮処分においては保全の必要性が常に問題となると述べましたが，これは「保全の必要性」が必ず争点の1つとなるということです。裁判所の判断で被保全権利が認められないということになれば，保全の必要性を論ずるまでもありませんが，被保全権利の存在が疎明された場合には，必ず保全の必要性について判断（解釈）されるのです。この点が仮処分事件に特徴的な事柄なのです。

まず，被保全権利が認められないとして，保全の必要性を論じなかった埼京タクシー事件（浦和地決平成11.8.20労働判例774号62頁）の例を挙げておきます。

> 第5　結論
> 　以上の次第であるから，本件申立ては，保全すべき権利の存在に関して疎明がない以上，その余の争点に対し判断するまでもなく理由がない。したがって，本件申立てを却下することとする。

次に，被保全権利の存在を認めたうえで，保全の必要性を論じたものとして，セガ・エンタープライゼス事件（東京地決平成11.10.15労働判例770号34頁）を挙げておきます。

> 3　保全の必要性
> 　前記のとおり，債権者について被保全権利の存することが認められるところ，仮払いの仮処分は，困窮を避けるために緊急かつ暫定的な措置として認められるものであるところから，困窮を避けるために必要な限度で仮払いの必要性が認められるにすぎない。そこで，検討するに，(証拠略)によれば，債権者は，単身で生活しており，債務者から支給される賃金が唯一の収入で，26万7520円から租税及び社会保険料等を控除した手取額20万9904円の賃金の中から家賃7万8000円を支出するなどして生計を維持していることが認められる。これらのほか，本件記録上認められる債権者の生活状況や年齢，経歴等を総合考慮すれば，1か月26万7520円の限度で仮払いの必要性を認めることができるが，その期間としては，時間の経過によって生活状況等は変動を免れないから，平成11年9月から1年を限度とするのが相当である。
> 　なお，地位保全を求める部分については，賃金の仮払いを認める以上，その必要性について特段の主張及び疎明のない本件においては，これを認めることはできず，また，パソナルーム勤務命令の無効確認を求める部分についても，同様であり，その余の点について判断するまでもなく，必要性がないから，これを認めることはできない。

　ここで注意していただきたいのは，「仮払いの仮処分は，困窮を避けるために緊急かつ暫定的な措置として認められるものである」との一般論をおき，「困窮を避けるために必要な限度で仮払いの必要性が認められるにすぎない」としている点です。ここが仮処分の必要性という争点について特徴的な判断部分であり，本案事件では論じられない部分なのです。

5 保全の必要性の具体的内容

　ここで述べたとおり、仮処分事件では保全（仮処分）がいかなる範囲で必要なのかということが問題になりますが、前掲・セガ・エンタープライゼス事件では次の点が問題となっています。

　1つは毎月の仮払いをすべき金額です。この事件では1月26万7520円としていますが、これは当然事案ごとに異なることになります（従前の賃金と同一額になるとは限りません）。

　次に、仮払いをすべき期間です。右事件では、1年間という期間に限っていますが、これは暫定的な措置としての仮払いであり、「時間の経過によって生活状況等は変動を免れない」ことを理由としています。したがって、1年たっても仮払いが必要な場合には、改めて追加の仮処分申立をすることになります。

　また、右事件では、従業員としての地位の仮の確認（地位保全といいます）や業務命令が無効である旨の仮の確認も求めていますが、これについては、賃金の仮払いを認めれば足り、そのような保全をするまでの必要性についての主張および疎明がないとして、その部分の申立を却下しています。

　このように、保全の必要性の判断にあっては、どのような仮処分命令の必要性があるのか（この例でいえば、賃金仮払いだけでよいのか、それを超えた仮処分まで必要なのか）、また、その範囲（この例でいえば、仮払いの金額や仮払いを命ずる期間）が問題となるわけです。

　保全の必要性の判断は、個別事情によって異なることは当然ですが、理論的にどの範囲まで認めるべきかについてはいろいろな考え方があり、結局のところ、労働事件の仮処分を一般の事件とは異なった特殊なものと考えるかどうかという価値観の違いが現れてくるように思います。

第3節　本案裁判の流れ

1　訴訟の提起

本案裁判が提起される場合については，仮処分事件との関連でいえば次のようなパターンがあります。
(1)　仮処分の申立と同時に提訴する（仮処分申立時より遅れても仮処分事件の結果が出ないうちに提訴する場合を含む）。
(2)　仮処分の申立をしないで提訴する。
(3)　仮処分命令が出たのち提訴する（仮処分申立が却下された場合，仮処分申立が〔一部でも〕認容された場合，の2つの場合があります）。

このいずれを選択することも原告の自由ですが，通常は(1)か(3)のケースが多いと思われます。

2　訴訟の経過

仮処分の場合と異なり，本案裁判では公開の法廷において口頭弁論が開かれます。その過程で，原告被告の主張を整理し，争点をしぼるために弁論準備期日が設けられることもあります。

争点整理が終了したあと，原告被告双方の主張を裏づける立証活動を行います。この立証活動は，書証の取調べと人証の取調べが中心です（後者を証人尋問と呼ぶこともあります）。

現在の訴訟運営では，書証の提出（書証の取調べ）はなるべく早く行うよう要請され，証人尋問の段階では原則として書証の提出が終了しているように求められています。

訴状が裁判所に提出されてから，判決に至る基本的な流れは次の図のとおりです。

弁論期日と次の弁論期日までの間は，だいたい1か月程度あきま

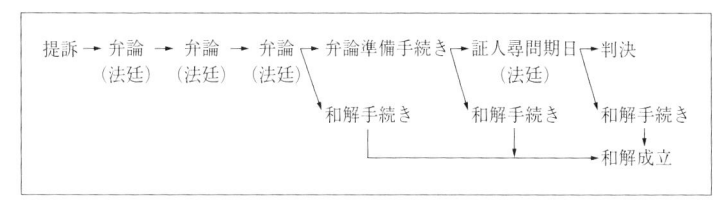

```
提訴 → 弁論 → 弁論 → 弁論 → 弁論準備手続き → 証人尋問期日 → 判決
      （法廷） （法廷） （法廷）                    （法廷）
                              和解手続き      和解手続き      和解手続き
                                                              和解成立
```

本案訴訟の流れ

す。ですから，最初に挙げたモデルケースでは次のような点が争点となると思われます。

① 配転命令が適法かどうか（配転命令が権利の濫用となるかどうか）

　ア　配転命令の根拠（配転命令を行う権限の根拠）

　イ　配転命令に業務上の必要性があるか

　ウ　配転命令に不当な動機・目的があるか

　エ　配転により従業員に「通常甘受すべき程度を著しく超える不利益」を与えるか

　　（アからエまでは，東亜ペイント事件〔最二小判昭和61.7.14〕で整理された論点です）

　オ　配転にあたって何らかの手続きが必要か（労働協約・就業規則・個人契約などから発生する手続き規定の有無）

② 懲戒解雇が適法かどうか（懲戒解雇が解雇権の濫用となるかどうか）

　ア　懲戒解雇理由は何か

　イ　懲戒解雇にあたって何らかの手続きが必要か（労働協約・就業規則・個人契約などから発生する手続き規定の有無）

　ウ　懲戒解雇権の濫用となるような事情があるかどうか

　この争点をめぐって，原告被告それぞれが証人を申請して証人尋問を行うことになるわけです。証人の人数は何人以内と限られてい

るわけではありませんが，争点に関係ない証人を申請しても無意味ですので，自ずと限られてきます。なお，当事者がこれだけの証人が必要と申請しても，裁判所の判断で一部の者しか採用されない場合もあります。

3 訴訟にかかる期間

　訴訟を提起してどのくらいで判決に至るかということですが，事案によって異なることは当然として，労働事件の第一審（地方裁判所レベル）平均審理期間は，平成10年で約13か月，平成19年で約12.4か月となっています。この期間を長いとみるか短いとみるかは当事者の感覚によると思いますが，諸外国と比べて日本だけがきわめて遅い（時間がかかる）ということはありません。

　第一審の判決が出されてその結果に不服がある当事者は，判決書受領後2週間以内に控訴することができます。控訴された場合は，第一審の続審として控訴審手続きが行われます。また，控訴審の判決に不服のある当事者は，さらに上告もしくは上告受理の申立ができます。したがって，事案が最終的に確定するまでにある程度時間がかかるということはあるかもしれません。

コラム
裁判の手続き，流れ

　裁判の手続きの流れを示したものが次の図です。第一審手続きと第二審手続き，上告審手続きに分けて図示してあります。

　第一審では当然訴える側が原告，訴えられる側が被告となりますが，第二審（控訴審）では，第一審で敗訴した方が控訴人，勝訴した方が被控訴人となりますので，原告が控訴人になるとか，被控訴人になるとか決まっているわけではありません。

　また，双方が第一審の判決に不満で控訴する場合もあります。

　この点は上告審（上告手続き，上告受理申立手続き）でも同様です。

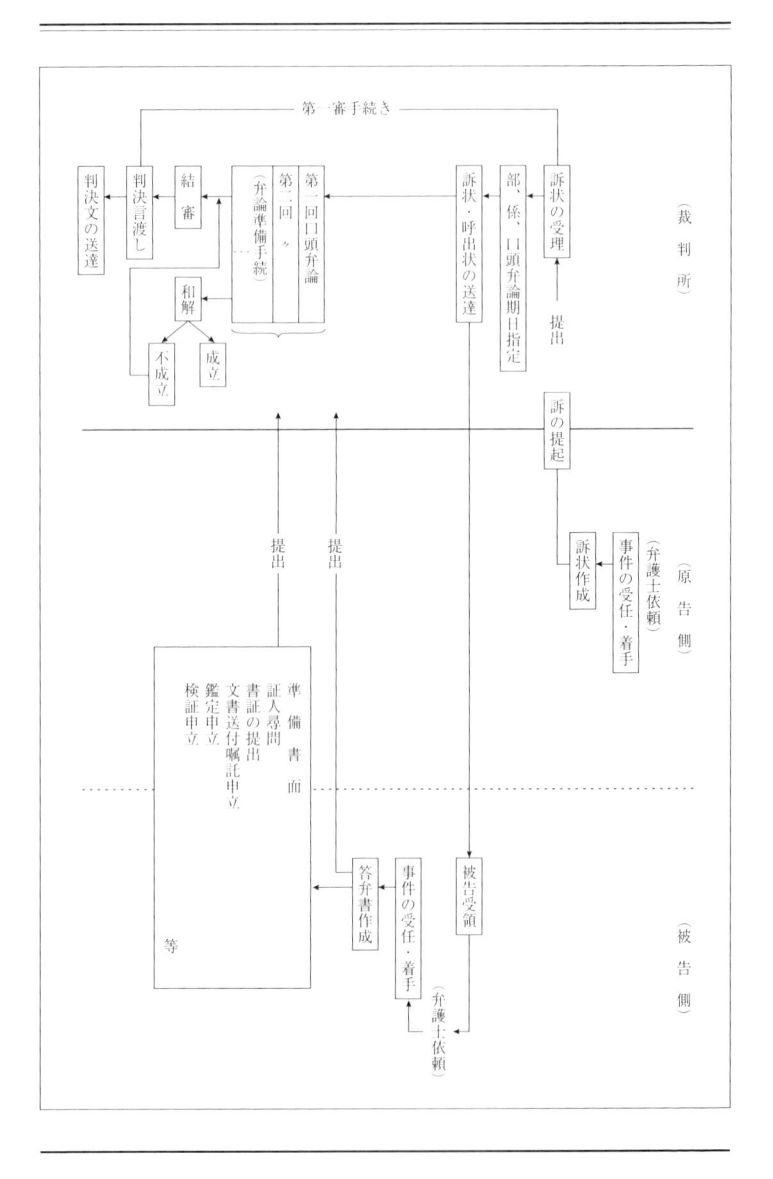

第Ⅱ部　労働事件の当事者になったら

```
                                  ─── 第一審手続き ───
                    判決文の送達 ← 判決言渡し ← 結審 ← 第二回〃 ← 第一回口頭弁論 ← 訴状・呼出状の送達 ← 部、係、口頭弁論期日指定 ← 訴状の受理
                                              （弁論準備手続）                                                    ↑提出              （裁判所）
                                       和解
                                      ↙   ↘
                                   不成立  成立

─────────────────────────────────────────── 訴の提起 ─────────────────────────────

                    ↑提出    ↑提出                                    訴状作成 ← 事件の受任・着手 （弁護士依頼）   （原告側）

                ┌──────────────────┐                        ↑
                │ 準備書面         │                        │
                │ 証人尋問         │
                │ 書証の提出       │
                │ 文書送付嘱託申立 │
                │ 鑑定申立         │← 答弁書作成 ← 事件の受任・着手 （弁護士依頼）   （被告側）
                │ 検証申立         │        ↑
                │                  │    被告受領
                │       等         │
                └──────────────────┘
```

第2章 仮処分申立から裁判へ

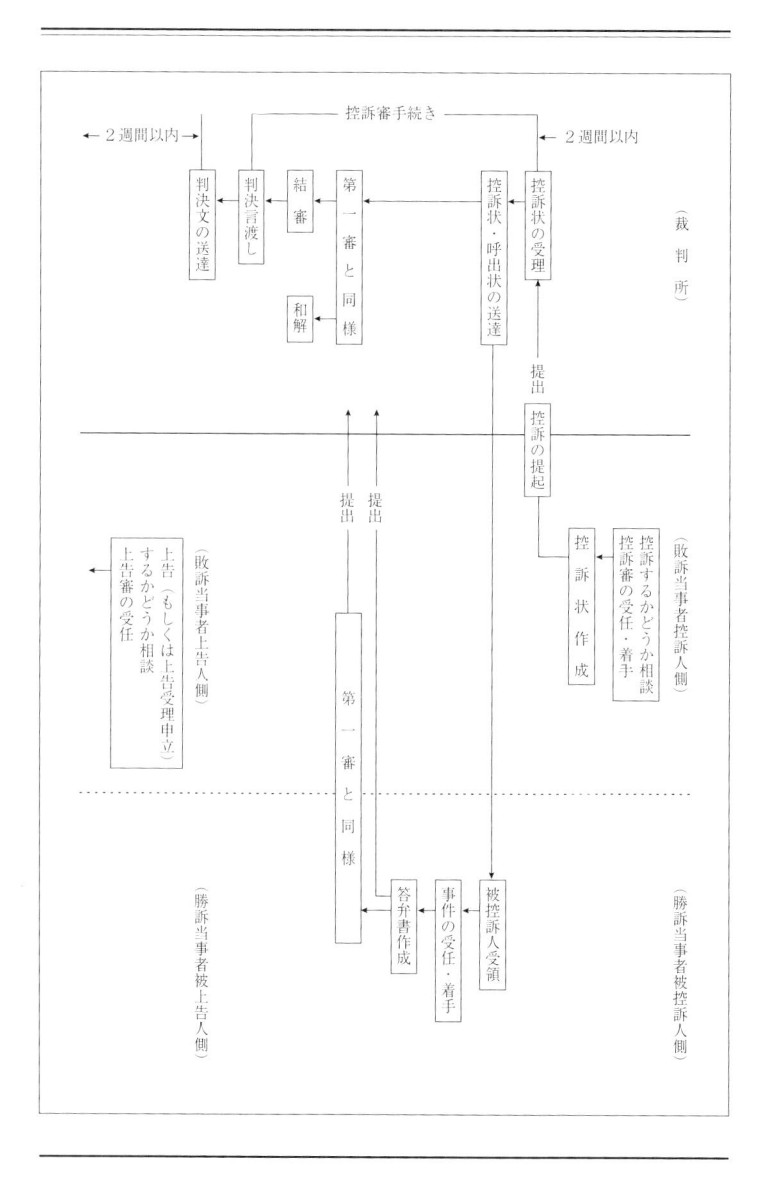

```
                    ← 控訴審手続き ─────
←2週間以内→    ┌─────┐              ←2週間以内→
              │控訴状│
  ┌────┐   ┌──┐ │・  │   ┌──────┐   ┌──────┐
  │判決文│←│結審│←│呼出│←│控訴状の送達│←│控訴状の受理│   （裁 判 所）
  │の送達│   │  │ │状の│   └──────┘   └──────┘
  └────┘   │第 │ │送達│                      ↑
              │一 │ └──┘                      │
              │審 │   ↓                        │提
              │と │ ┌──┐                      │出
              │同 │ │和解│                      │
              │様 │ └──┘                      │
              └──┘                        ┌──────┐
                                              │控訴の提起│
                                              └──────┘
                                                    ↑
                          ↑   ↑                    │
                          │提 │提               ┌──────────┐
                          │出 │出               │控訴するかどうか相談│（敗訴当事者控訴人側）
                          │   │                 │控訴審の受任・着手 │
┌──────────┐                                └──────────┘
│上告（もしくは上告受理申立）│                         ↓
│するかどうか相談      │                      ┌──────┐
│上告審の受任        │（敗訴当事者上告人側）   │控訴状作成│
└──────────┘                            └──────┘

          ┌──┐
          │第 │
          │一 │
          │審 │                ┌──────┐
          │と │                │答弁書作成│
          │同 │←──────│事件の受任│←（勝訴当事者被控訴人側）
          │様 │                │・着手  │
          │  │                │被控訴人 │
          │  │                │受領   │
          └──┘                └──────┘
（勝訴当事者被上告人側）
```

115

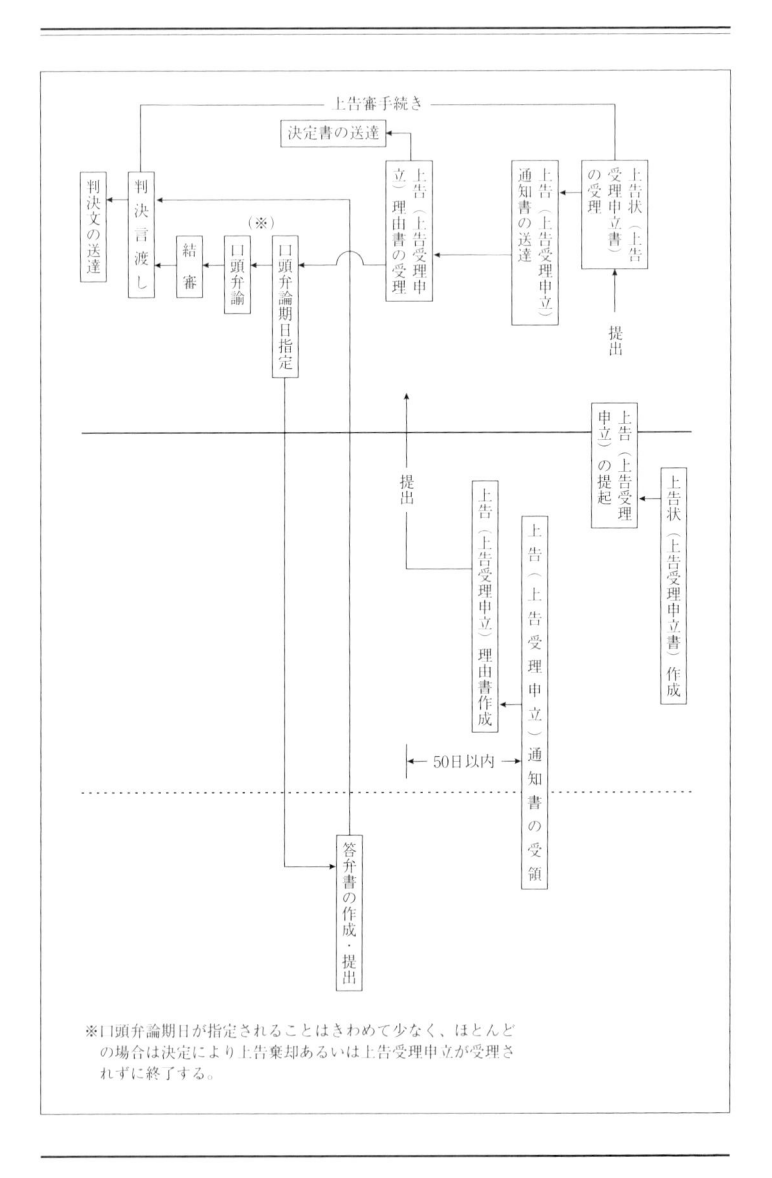

第Ⅱ部　労働事件の当事者になったら

```
                    ───── 上告審手続き ─────
                         決定書の送達
         判  判    口   上  上         上
         決  決  結 頭   告  告  上 告 通  告
         文  言  審 弁（ 理─ 理 理知  状 受
         の  渡    論※ 由上 由 申書（ 理
         送  し    期） 書告 書 立の 上 申
         達       日    の受 の ）送 告 立
                  指    受理 受    達 受 の
                  定    領申 理       理 受
                           立                申 理
                           ）                立
                                              書
                                              ）
                                                    ↑
                                                    提
                                                    出

    ─────────────────────────────────
                                           上
                                           告
                                         申（
                                         立上
                                           告
                                         の受
                                         提理
                                         起
                                                           上
                                                           告
                                                           状
                            上              上            （
                            告              告            上
                          （              （              告
                            上              上            受
                          提 告            告              理
                          出 受            受              申
                            理              理            立
                            申              申            書
                            立              立            ）
                            ）              ）            作
                            理              通            成
                            由              知
                            書              書
                            作              の
                            成              受
                                            領
                                    ←50日以内→
    ─ ─ ─ ─ ─ ─ ─ ─ ─ ─ ─ ─ ─ ─ ─ ─ ─ ─ ─ ─ ─
                            答
                            弁
                            書
                            の
                            作
                            成
                            ・
                            提
                            出

   ※口頭弁論期日が指定されることはきわめて少なく、ほとんど
    の場合は決定により上告棄却あるいは上告受理申立が受理さ
    れずに終了する。
```

第3章
労働事件に関する「お金」をめぐる諸問題

第1節　裁判にかかる費用

　裁判をする場合にかかる費用は，大きく分けると裁判所に納める費用と自分が依頼した弁護士に支払う費用の2つに分かれます。そこで，この2つに分けて説明します。

1　裁判所に納める費用
　裁判を行う場合に裁判所に提出（納付）する費用です。
　① 印紙代金
　まず，訴状や仮処分申立書に貼る印紙代金です。仮処分申立の場合は一律2,000円ですが，いわゆる本案事件の訴えの場合は，請求する金額によって印紙額が変わってきます。請求する金額が多くなればなるほど印紙額も多額になるという関係にあります。
　例えば，1000万円の訴額の場合印紙額は4万円で，1億円の訴額の場合30万円です。これは，第一審の裁判所に納める場合で，控訴審の場合はこれの5割増，上告審の場合は第一審の2倍です。
　これらは，訴状の正本（裁判所用のもの）に印紙を貼る形となります。
　② 切手代

相手方に書類を送達したりするための切手代です。現状では切手そのものを裁判所に提出させる扱いのところと，その分の現金を裁判所に提出させる扱いのところに分かれています。いずれにしろ，数千円から2万ないし3万円といった金額です。

③　証人日当代，鑑定費用など

裁判の手続きの中で，証人を呼んだり，鑑定をしてもらったりということが出てきます。労働事件の場合鑑定ということはあまり聞きませんが，証人調べはほとんどの場合行われます。そこで，証人に対する旅費日当や鑑定費用といったものを申請した当事者が裁判所に納めるのです。それらは裁判所から証人や鑑定人に対して支給されます。

2　弁護士に支払う費用

1と異なり，自分が依頼した弁護士に対して支払う費用です。

委任契約書モデル（125頁）をご覧になればわかるように，弁護士に対する着手金・報酬金・日当と，弁護士が移動したり宿泊したりした場合の交通費やホテル代といった実費とに分かれます。

①　着手金・報酬金

着手金とは，事件を依頼するときに支払うものであり，事件が敗訴したからといって返還されるものではありません。一方，報酬金は事件の勝訴に対するご褒美といった性質のものであり，敗訴であればゼロですが，勝訴（一部勝訴を含む）に対する報酬となります。

着手金にしろ報酬金にしろ，かつては弁護士会の基準といったものがありましたが，それがなくなり，各弁護士の裁量となりました。一つのモデルを示しておきます。裁判以外の交渉といった場合でも同様です。

着手金・報酬金システムではなく，その事件の処理にかかる時間

を基準にするやり方もあります。いわゆるタイムチャージシステムと呼ばれるもので、1時間あたりいくらと定めておき、あとはそれにかかった時間数を乗じていくということになります。

② 日当

日当とは、弁護士が地方の裁判所に出頭したり、現場に調査に行ったりした場合の費用で、1日数万円から十数万円程度が多いと思われます。

③ 実費

弁護士が移動する場合の交通費、宿泊費、記録謄写代金などの、いわゆる事件処理にかかる実費です。

これらの弁護士費用は、現在の制度では裁判の勝ち負けに関係なく自分で頼んだ弁護士の費用は自分で支払うという仕組みになっています。逆にいえば、敗訴したからといって勝訴した相手方の弁護士にかかった費用を払う必要はないということです。

もっとも、このような弁護士費用各自負担制度が良いのかどうか、このまま維持されるのかどうかはわかりません。司法制度改革の中で、弁護士費用も敗訴者負担主義を取り入れようという議論が出ましたが、以前のままということになりました。

(参考モデル)

民事事件の着手金及び報酬金

経済的利益	着手金	報酬金
300万円以下の場合	8 %	16%
300万円を超え3,000万円以下の場合	5 % + 9万円	10% + 18万円
3,000万円を超え3億円以下の場合	3 % + 69万円	6 % +138万円
3億円を超える場合	2 % +369万円	4 % +738万円

(事件の内容により，30%の範囲内で増減額することができる。着手金の最低額は10万円。)

契約締結交渉

経済的利益	着手金	報酬金
300万円以下の場合	2 %	4 %
300万円を超え3,000万円以下の場合	1 % + 3万円	2 % + 6万円
3,000万円を超え3億円以下の場合	0.5% +18万円	1 % + 36万円
3億円を超える場合	0.3% +78万円	0.6% +156万円

(事件の内容により，30%の範囲内で増減額することができる。)

督促手続事件

経済的利益	着手金	報酬金
300万円以下の場合	2 %	8 %
300万円を超え3,000万円以下の場合	1 % + 3万円	5 % + 9万円
3,000万円を超え3億円以下の場合	0.5% +18万円	3 % + 69万円
3億円を超える場合	0.3% +78万円	2 % +369万円

(事件の内容により，30%の範囲内で増減額することができる。着手金の最低額は5万円。)

手数料

(1) 裁判上の手数料

項目	分類	手数料	
即決和解	示談交渉を要しない場合	300万円以下の場合	10万円
		300万円を超え3,000万円以下の場合	1 % + 7万円
		3,000万円を超え3億円以下の場合	0.5% +22万円
		3億円を超える場合	0.3% +82万円

(2) 裁判外の手数料

項目	分類		手数料	
契約書類及びこれに準じる書類作成	非定型	基本	300万円以下の場合	10万円
			300万円を超え3,000万円以下の場合	1 % + 7万円
			3,000万円を超え3億円以下の場合	0.3% +28万円
			3億円を超える場合	0.1% +88万円

(以下略)

第2節　弁護士費用をめぐる諸問題

　弁護士費用は労働事件に特有な問題ではなく，訴訟事件一般に共通する問題であり，また訴訟にならない交渉や相談においても発生する問題でもあります。

　前節で述べたように，裁判の主文で支払いが命じられる「訴訟費用」「申立費用」には弁護士費用は含まれません。したがって，原告の請求が棄却され，訴訟費用は原告負担とすると命じられても（この場合，被告が全面的に勝訴したことになりますが），被告が自ら選任した弁護士の費用は被告が負担しなければならないのです。

　この点について，なんとなく釈然としないという人も多いのではないでしょうか。そこで，司法制度改革に関する論点整理の中でも弁護士費用の敗訴者負担について論議がなされましたが，従前のままということになりました。弁護士費用の敗訴者負担という制度は，ある面では訴訟当事者にとって厳しい側面もあるのです。

　労働事件の例でいえば，労働者が会社を相手として解雇無効の裁判や地位保全の仮処分を提起した場合に労働者側が敗訴したとすれば，会社側が選任した弁護士の費用は労働者側が負担することになるわけです。会社側が敗訴した場合は勝訴した労働者側の弁護士費用を会社側が負担するが，会社側が勝訴した場合は会社側の弁護士費用を労働者側は負担しなくてよいというような片面的な敗訴者負担というわけにはいきませんから，現在のような制度が良いのか，弁護士費用は敗訴者負担とする原則が良いのかは難しい問題です。

　なお，現在の仕組みでも弁護士費用（の一部）を敗訴者が負担する場合があります。それは，訴訟費用として負担するのではなく，裁判所が支払いを命じる金員（例えば，損害賠償金）の一部に弁護士費用を含めるという考え方です。具体的にいえば，交通事故や業

務に起因する事故等によって被害者が加害者に対して不法行為に基づき損害賠償請求を行った場合に、その損害賠償金の一部として裁判所が被害者の弁護士費用を認める場合です。ただし、この場合でも現実にかかった弁護士費用全額ではなく、裁判所が損害と相当因果関係があると認めた範囲に限られています。

しかし、一般論としては弁護士費用は当事者それぞれの負担という原則が適用されるわけであり、労働事件の場合も例外ではありません。裁判（仮処分を含む）に至らない交渉や単なる法律相談の場合には、弁護士費用が依頼人の負担になるのはより明らかでしょう。

そこで、労働事件においては、裁判上や裁判外の和解（示談）において、「和解金」「解決金」と称する金銭のやりとりがよく見られるわけです。和解金・解決金の内訳は弁護士費用だけではありません（組合運動や応援にかかった費用等も含まれます）が、少なくとも弁護士費用の一部を相手方に負担してもらうという発想の1つの現れということができます。和解金ないし解決金については、この後の第5節で詳しく説明します。

弁護士費用そのものについては、依頼する弁護士との協議を経て決定されるわけですので、わからない点や不明な点があれば弁護士に質問すればよく、遠慮する必要はありません。特に、労働事件の場合は紛争解決に至るまで裁判や相談が長期にわたるケースもあり、事件がさまざまな局面にわたるケースもありますので、普通の民事事件の場合より弁護士費用について十分協議しておくほうがよいと思います。

コラム
弁護士に依頼する

(1) 労働事件の場合，裁判を起こすにしろ，起こされたにしろ，相手方と交渉をするには，専門家である弁護士に依頼するのが普通です。

もちろん，本人でもできますが，なかなか難しい面が多いので，最初から弁護士に依頼して手続きを行ったほうが楽だろうと思います。ただし，この意味は弁護士に依頼したからそれ以後は任せきりにするという意味ではなく，連絡を取り合って話し合いながら手続きを進行するという意味です。そこで問題となるのが，どのようなルートで弁護士を探せばいいかということです。

労働事件に限っていえば，労働者が依頼をする場合は，労働組合の人の紹介で労働組合の顧問弁護士を紹介してもらったり，あるいは公的な相談窓口（市役所や区役所など）で弁護士を紹介してもらったり，弁護士会や特定の団体が行う相談日に行って弁護士を紹介してもらう例が多いようです。もちろん，一般事件で多く見られる知人の紹介による方法もあります。

一方，会社（使用者）側で弁護士を依頼する場合には，顧問弁護士に依頼したり，顧問弁護士から弁護士を紹介してもらうといった例が多いようです。

労働事件は，比較的専門性が高い分野ですので，弁護士も，どの事件でも労働者側のみを担当する（労働者側に立つ），使用者側のみを担当する（使用者側に立つ）といったように，色分けができているのが普通です。もちろん，民事事件一般を処理する弁護士が労働事件も処理するということもあります。

(2) 弁護士に相談して事件の処理を依頼する場合には，弁護士に事件処理を委任するということになるわけですから，委任契約を締結することになります。後日の紛争や行き違いを防ぐ意味で契約書を作成します。

その契約書モデルが次のものです。所属弁護士会のモデルなどもあり，それをそのまま使用したり，弁護士ごとに工夫を凝らしたりして使用しま

す。
　依頼者と弁護士は委任関係に立つわけで，対等な立場ですので，依頼者から契約にあたってどこをどう直してほしいと言うことも可能です。十分契約内容の説明を受けて，納得のうえ委任契約を締結することが重要です。契約内容を合意のうえ調印した契約書は，2部作成してそのうちの1部をもらうか，写しをもらっておくことも必要でしょう。

第3章 労働事件に関する「お金」をめぐる諸問題

委 任 契 約 書

依頼者　　　　　　　　　　を甲とし，受任弁護士　　　　　　　　を乙として，甲と乙とは次のとおり委任契約を締結する。

第1条　甲は乙に対し，次の事件等の処理を委任し，乙はこれを受任する。
　　1　事件等の表示
　　2　相　手　方
　　3　管轄裁判所等の表示
　　4　委任の範囲
　　　　☐　示談交渉
　　　　☐　調停
　　　　☐　訴訟（第一審，控訴審，上告審）
　　　　☐　手形訴訟
　　　　☐　保全（仮差押，仮処分）
　　　　☐　民事執行
　　　　☐　異議申立，審査請求等
　　　　☐　審判等
　　　　☐　その他（　　　　　　　　　　　　　　　　）

第2条　乙は弁護士法に則り，誠実に委任事務の処理にあたるものとする。

第3条　甲は乙に対し，後記の着手金，報酬金，日当・実費等（預り金により処理する場合を除く。）を次のとおり支払うものとする。
　(1)　着手金は本契約締結のとき
　(2)　日当・訴訟費用など委任事務処理に要する実費等は乙が請求したとき
　(3)　報酬金は事件等の処理が終了したとき（成功の程度に応じて）

第4条　甲が着手金または委任事務処理に要する実費等の支払いを遅滞したときは、乙は事件等に着手せずまたはその処理を中止することができる。
第5条　委任契約に基づく事件等の処理が、解任、辞任または委任事務の継続不能により、中途で終了したときは、乙は、甲と協議のうえ、委任事務処理の程度に応じて、受領済みの弁護士報酬の全部もしくは一部を返還し、または弁護士報酬の全部もしくは一部を請求するものとする。
2．前項において、委任契約の終了につき、乙のみに重大な責任があるときは、乙は受領済みの弁護士報酬の全部を返還しなければならない。ただし、弁護士が既に委任事務の重要な部分の処理を終了しているときは、乙は、甲と協議のうえ、その全部または一部を返還しないことができる。
3．第1項において、委任契約の終了につき、乙に責任がないにもかかわらず、甲が乙の同意なく委任事務を終了させたとき、甲が故意または重大な過失により委任事務処理を不能にしたとき、その他甲に重大な責任があるときは、乙は、弁護士報酬の全部を請求することができる。ただし、弁護士が委任事務の重要な部分の処理を終了していないときは、その全部については請求することができない。
第6条　甲が第3条により乙に支払うべき金員を支払わないときは、乙は、甲に対する金銭債務（保証金、相手方より受取した金員等）と相殺しまたは事件等に関して保管中の書類その他のものを甲に引き渡さないでおくことができる。
（特約条項）

記

1　着手金の額
　　(1)　算出方法
　　　　□　経済的利益の額を算定基準とする場合（計算式による標準金額）

　　　　　経済的利益の額　　金　　　　　円
　　　　　計算式　○　円×　○　％＋　○　万円＝　　　　円
　　　　　　（上記の額）
　　　　□　経済的利益の額を算定基準としない場合
　　　　　　　　　　　　　　　　　　　　　金　　　　　円

　　　増減額事由の有無（□有，□無）
　　　（有る場合の理由）

　　　お支払いただく着手金の額
　　　　　　　　　　　　　　　　　　　　金　　　　　円

2　報酬金の額（計算式を記入する）
　　　　□　その他（　　　　　　　　　　　　　　　　）

3　実費
　　　訴訟費用（収入印紙代，郵券）　金　　　　　円
　　　謄写・通信・交通費・宿泊料等の実費
　　　□その都度請求する。□預り金から受領する。

4　日当等
　　　出張日当として，□1日，□半日　当たり，
　　　金　　　　　円を，
　　　□その都度請求する。□預り金から受領する。

5　預り金（その用途・　　　　　　　）
　　　　　　　　　　　　　　　　　　金　　　　　円

　　　　平成　　年　　月　　日
　　　　　　依　頼　者（甲）
　　　　　　受任弁護士（乙）

第3節　仮払金をめぐる諸問題

　労働事件において，地位保全や賃金の仮払いを命じる仮処分事件が一つの典型的な事例であることはすでに説明したとおりです。そこで，労働者側が申し立てた地位保全ないし賃金仮払いを命じる仮処分が発せられた後，その本案事件（地位確認ないし金銭給付）で労働者側が敗訴した場合，仮処分に基づいて受領した仮払金はどうなるのでしょうか。

　仮処分は，あくまで本案事件の確定を待てない緊急性や必要性が存する場合に発せられる暫定措置ですから，本案事件で仮処分事件と異なる結果が出ることは不自然ではありませんし，実際上もこのようなケースは少なくありません。また，発令された仮処分自体がその後の事情変更により取り消されることもあります。この場合も，上と同じような問題が発生することになります。

　仮処分（上のケースでは一定の金銭の仮払い）があくまで暫定的な措置である以上（だからこそ仮の支払いという意味で仮払いと称する），本案事件で敗訴した場合であれ，仮処分が取り消された場合であれ，いずれも仮払金を受領してよいとする法律上の原因が存在しないことになったわけですから，労働者側は使用者に仮払金（受領した金額）を返還しなければならず，その法律構成は不当利得返還であるとするのが一般的な考え方です。

　仮処分が取り消されたケースについて，最高裁で仮払金の返還義務を認める判決がなされています（宝運輸事件・最三小判昭和63.3.15）。

　本案事件で労働者側が敗訴した場合は，仮処分事件において認められた労働者側の被保全権利が存在しないことが確定したことになりますから，不当利得の法理がより当てはまる（返還義務が肯定さ

れる）といってよいと思います。

　仮処分がその後取り消されたり，本案事件で労働者が敗訴したりする前のケースと同様のことが，本案事件の第一審では労働者が勝訴したが，第二審（あるいは第三審）で逆転し使用者の勝訴が確定したというケースでも起こります。その場合も労働者の勝訴した判決が取り消されたのですから，前の場合と同様労働者に返還義務が発生します。

　これらの考え方に対して反対する説もあり，その理論的な構成はさまざまですが，結局のところ，返還義務を肯定すれば仮処分を申し立てた労働者は仮払いの命令を得てもその仮払金を使用する場合は将来の返還の可能性を考えて行わなければならないことになる，という点をどう評価するかということにかかっているのです。要するに，仮払いという仕組みが暫定措置である以上後日返還すべき場合が出るのは当然であると考えるのか，労働者にこのような危険負担をさせるのはかわいそうと考えるのかということです。

　ともあれ，判例や通説が仮払金の返還義務を肯定する立場にあるということだけは注意をしておくべきです。

　ただし，仮払いを命じる仮処分が発せられた場合に使用者が金銭の仮払いだけではなく，仮払いと引換えに労働者に対して就労を命じ労働者が就労をした場合には，仮処分が取り消されたり本案で敗訴したとしても労働者が就労をした事実は消えませんから（就労の対価としての賃金支払義務が発生する），仮払金の返還義務が生じないケースが出てきます。

第4節　損害賠償金をめぐる諸問題

　解雇無効や地位確認の裁判で労働者が勝訴すれば解雇が無効とな

りますから、解雇後の未払賃金の支払いが使用者に命じられることはすでに述べたとおりです。ですから、この場合に主文に記載される金額が未払賃金の合計額や毎月の賃金相当額になることは容易に理解できると思います。

　ところが、このような積み上げた金額ではなく、50万円、100万円あるいは300万円といったようなきりのいい数字の金銭支払いが命じられることがあります。例えば、セクシュアルハラスメントを受けたとして被害者が加害者に対して損害賠償の請求をした場合に、どうして損害賠償金額がこのようなきりのいい数字になるのか疑問を感じた方もいるのではないでしょうか。

　それは、損害賠償の内容がいわゆる精神的苦痛に対する慰謝料とされるからであり、慰謝料の金額について裁判所が諸般の事情を考慮して決定するからです。ですから、この場合はいろいろな要素や事情を勘案し金額を決定したといっても、一つひとつの要素や事情をいくらいくらと算定し、それを積み上げていって合計額を算出するという方式ではないのです。そのため、きりのいい丸めた数字になってくるわけで、いってみれば特定の事案について精神的慰謝料としてはいくらであるという結論が示されるだけであり、その内訳は示されないのです。

　1つの具体的例を出せば、近鉄百貨店事件（大阪地判平成11.9.20労働判例778号73頁）では、慰謝料算定について次のように判示されています。

　「被告による違法な降格をされた原告に生じた精神的苦痛には大きいものがあるが、本件降格に至る経緯、本件降格の態様、それまでの原告の勤務態度等、諸般の事情を考慮すれば、右精神的苦痛の慰藉に要する額は30万円をもって相当というべきである。」

　このように、なぜ30万円になったか、右の事情の一つひとつをい

くらと算定したかは具体的に示されないのが通例です。右の30万円が300万円ではいけないのか、30万円とする基準があるのかと疑問に思われるかもしれませんが、判決で示される金額には判例等の集積によっておおよその基準（相場という言葉を使う人もいます）があることは間違いありません。しかし、それが裁判所から基準として公表されることは、残念ながらありません。

第5節　和解金や解決金をめぐる諸問題

　労働事件では、よく和解金あるいは解決金という言葉が使われます。この言葉について少し説明します。

　和解というのはお互いが譲歩して紛争を解決することを約束する契約です（民法695条）。したがって、当事者が譲歩して解決に至ればよいのですから、和解にあたって必ず金銭支払いが伴うとは限りません。しかし、労働事件の場合は決着や解決にあたって労働者側（労働組合側）から和解金や解決金の要求がなされることが多いのです。

　和解金と称しても解決金と称しても実際は同じ意味であり、要するに紛争解決にあたって当事者の一方（ほとんどは労働者側）がなす紛争解決の一つの条件（条項）なのです。ですから、当事者がそのような和解金ないし解決金を支払う和解をするかどうかは自由であり、当事者の選択になるわけです（金銭支払いを伴わない和解も当然存在します）。

　和解金ないし解決金はこのような性質を有するわけですから、和解金に何らかの基準があるということにならないのは当然でしょう。

　労働者側（労働組合側）が要求する和解金の根拠（内訳）も、損

害賠償請求事件における損害の根拠（内訳）の場合と違い，大雑把であったり，そもそも根拠となりえない場合や資料が存在しない場合もありますが，単にそういう要求であるという程度に考えておけばよく，結局のところ，要求された使用者側の紛争解決についての判断や自己決定・選択になるといえます。

また，以上のことは和解が裁判所においてなされる場合でも，裁判外において当事者間でなされる場合でも同様です。

ただし，このような和解金や解決金の支払いについて，裁判所から次のような批判や指摘があることは十分に留意しておく必要があります。

「特に，労働者側が和解に当たって多額の金銭の要求をするのはこれらの団体（上部団体や支援団体のこと）のためとも思われることがあり，また一度多額の金銭的解決をすると，他の事件でもそのような要求を繰り返すことにもなりかねない。裁判所としては，たとえ使用者側の合意する内容であっても，合理性のない多額の金銭的解決は避けるべきである。」（司法研修所編『救済命令等の取消訴訟の処理に関する研究』法曹会，1987年，104頁）

第Ⅲ部

資　料　編

私が担当した労働事件を題材にして，①訴状，②訴状に対する答弁書，③仮処分申立書，④控訴状，⑤上告受理申立書のモデルを参考として掲げておきます。

　もちろん，これが唯一の書き方であるとか，一番良い例であるということではなく，こんな形での書面（文書）となるということに過ぎません。最低限記載しなければならない項目を除けば，作成する当事者や弁護士の趣味嗜好という面も文書には出てきますので，その点はご注意ください。ですからこのモデルに比べて自分の訴状が簡単すぎるとか，詳しすぎるといっても，あまり意味はないのです。

　①の訴状と②の答弁書は，整理解雇が無効であるとして労働契約上の地位の確認を求めた事件に関するものです。③の仮処分申立書は，解雇された労働者が申し立てた地位保全の仮処分に関するものです。④の控訴状と⑤の上告受理申立書は，それぞれ一審判決や二審判決に対する不服申立ですから，労働事件であるかどうかにはあまり関係がなく，パターンとしては民事事件ほぼ共通です。

〔資　　料①〕

　　　　　　　　　　　　訴　　　　　状

　平成○年○月○日

東京地方裁判所　民事部　御中

　　　　　　　　　　　　　　　原告訴訟代理人弁護士　　甲
　　　　　　　　　　　　　　　同　　　　　　　　　　　乙
　　　　　　　　　　　　　　　同　　　　　　　　　　　丙

　　〒×××―××××　埼玉県〈以下略〉
　　　　　　　　　　　　　　　　　原　　告　　　　　　A
　　〒×××―××××　福島県〈以下略〉
　　　　　　　　　　　　　　　　　原　　告　　　　　　B
　　〒×××―××××　千葉県〈以下略〉
　　　　　　　　　　　　　　　　　原　　告　　　　　　C
　　〒×××―××××　東京都〈以下略〉
　　　　　　　　　　　　○○法律事務所（送達場所）
　　　　　　　　　　　上記原告ら訴訟代理人
　　　　　　　　　　　　弁護士　　　　　　甲
　　　　　　　　　　　　同　　　　　　　　乙
　　　　　　　　　　　　同　　　　　　　　丙
　　　　　　　　　　　　電　話　03―××××―××××
　　　　　　　　　　　　ＦＡＸ　03―××××―××××

　　〒×××―××××　東京都○○区〈以下略〉
　　　　　　　　　　　　　　　被　　　告　　　　株式会社Ｘ
　　　　　　　　　　　　　　　上記代表者代表取締役　Ｙ

　雇用関係存在確認等請求事件
　　　訴訟物の価額　　金××万××円
　　　貼用印紙額　　　金××円

①訴　　状

第一　請求の趣旨

1　原告らが被告との間にいずれも労働契約上の地位を有することを確認する。
2　被告は，原告Aに対し平成13年8月28日に金194,980円，同年9月以降毎月28日限り金312,320円，原告Bに対し平成13年8月28日に金238,000円，同年9月以降毎月28日限り金364,280円，原告Cに対し平成13年8月28日に金159,520円，同年9月以降毎月28日限り金253,960円及びこれらに対する各月29日以降完済に至るまで年6分の割合による金員を支払え。
3　訴訟費用は，被告の負担とする。
との判決並びに第2項につき仮執行の宣言を求める。

第二　請求の原因

1　当事者
(1)　原告らは，被告に勤務していた従業員であり，平成13年7月16日付で被告から解雇された。
　①　原告A
　原告Aは，昭和24年(1949年)○月○日生まれで52歳である。原告Aは，昭和40年(1965年)4月1日に被告会社に入社した。3年間検査部に所属してのち，組立作業に従事し，解雇時は○○工場に勤務していた。勤続36年である。
　②　原告B
　原告Bは，昭和22年（1947年）○月○日生まれで54歳である。原告Bは，昭和41年（1966年）4月1日に入社した。3年間板金工場に勤務した後，昭和44年に本社設計部へ配属，昭和49年に本社積算部に配属され，昭和63年（1988年）に営業部に配属され，解雇時まで営業部に勤務していた。勤続35年である。
　③　原告C
　原告Cは，昭和36年（1961年）○月○日生まれで40歳である。原告Cは，平成4年（1992年）3月に被告会社に入社し，解雇時は○○工場にて検査・発送部門に所属していた。勤続9年である。
　　原告らは，いずれも全労連・全国一般労働組合東京地方本部中部地域支

部○○分会(以下,組合という)に所属する組合員である。
(2) 被告は,明治5年に創業され,昭和23年に株式会社となった建築設備タンクや各種特殊タンク類等の製造および修理等の事業を営む会社(以下,会社という)で,従業員は正社員50名,嘱託・外注ふくめ約100名である。
　被告は,被告の代表取締役Yがいずれも代表取締役を務める株式会社O,株式会社P,Q株式会社等と同一グループを形成する企業である(甲第2号証)。

2　本件解雇に至る経緯
(1) 2001年春闘要求と会社の人員削減提案
　① 組合は2001年春闘の要求を例年通り提出し,3月28日に第1回団体交渉が開催された。これまで団体交渉にでてこなかった社長がこの日は出席し,春闘要求に対する回答はせずに「会社は昨年実質9000万円赤字である,今年の10月を越せるかどうかの状況であり,経費を4000万円削減したい。そのため,全社員の賃金を20%下げるか人員削減をせざるを得ない」と述べ,組合に対して,いずれかを選択するよう求めた。突然の提案であり,しかも財務資料の提出もなく具体的な根拠のない話であるから,組合は当然のことではあるが「賃下げもリストラも結構ですとは言えない」と回答した。
　② すると会社から団体交渉の開催要求があり,4月4日に第2回団体交渉が開催された。社長がこの日も出席し,第1回団交の提案を自ら覆し,「全社員の賃金20%カットは反対がでて出来ないだろう。社長から対象者を指名するので辞めてもらいたい」と突然6名の指名退職案を提案した。その内容は原告ら3名及び訴外D,同E,同Fの合計6名に対して退職を求めるものであった。組合は,社長に対して指名退職勧奨かと確認した上,突然のしかも正当な事由がない解雇に等しいので,応じられないと回答した。
　③ しかし,社長は組合の反対を無視し,翌4月5日突然本社及び工場にて朝礼を開催し,6名の指名退職勧奨を強行する旨発表した。さらに,その直後からそれぞれの上司をして退職勧奨を行わせた。その結果,原告ら以外の非組合員3名は,退職勧奨に応じて,退職することとなった。なお,

原告A及び原告Bはそれ以前から組合員であったが、原告Cは指名退職勧奨後に組合に加入することとなった。
(2) 組合の財務資料要求等も拒否して継続された一方的な退職強要
① 組合は、会社が一方的に人員削減を強行し指名退職勧奨の名の下に退職強要をすることに対抗するため、会社に対して団体交渉を申し入れ、4月17日に第3回団体交渉が開催された。組合は、「今回の退職勧奨は会社全体の問題である。会社の財政状況や関連会社の状況等を明確にせずに、十分な説明もなしに強行するのは乱暴すぎる。全体状況を明らかにせよ」と財務資料等の提示を求めた。同時に、「組合員に対する個人的な退職強要は権利侵害であり許されない。今後は組合を窓口にしてもらいたい。」と要求した。会社は、「資料の提出をしないのはまずい、組合と話し合いですすめたい」と回答した。しかし、再提案として「5月7日付けで退職して欲しい。退職金全額の外に5月分賃金及び妥結後の夏季一時金を出す」とし退職を求めた。
② 会社から団体交渉の開催要求があり4月23日に第四回団体交渉が開催され社長が出席した。社長は、平成8年～12年までの損益計算表のみを提示し、会社が大変な状況であるとだけ説明し、「弁護士と相談し民事再生法もあり得る、10月か12月には自己破産もあり得る。」などと説明し、3名に対する指名退職を合理化しようとした。しかし、損益計算表も回収し、組合が求めたバランスシートの提示さえ拒否し、整理解雇の前提条件である財務資料さえまともに提出する姿勢を示さなかった。
③ さらに、社長は4月25日には社内アンケートによって100％の支持があるとしてリストラを実行すると公言した。組合は、「整理解雇の4要件」をも無視したリストラ提案には断固反対すると機関誌で反論した。

加えて、会社は組合に団体交渉の開催を求め、5月2日に開催された第5回団体交渉にて、「原告ら3名を5月7日付け退職とする」旨の文書を組合に交付した。組合が、あまりの一方的やり方に抗議すると、社長はその抗議の言葉尻を捉えて直ちに退席し、交渉はあっという間に終了してしまった。

やむを得ず、組合は解雇通知は認められないとの文書を提出し、5月7日の団体交渉を求め、同日第6回団体交渉が開催された。社長は出席せ

ず,会社のZ常務は,指名解雇を強行するかどうか明確に回答しなかった。
④　念のため,原告らはいずれも解雇を認めないとの文書を会社に対して配達証明文書等で提出した。さらに,組合は5月10日には整理解雇の4要件を前提として,下記の内容の要求書を提出して,社長が出席する団体交渉の開催を求めた(甲第3号証)。

　　　　記
1　希望退職提案をなぜ実施しなかったのか,明らかにしていただきたい。
2　指名退職者は『生活を重視』したとしているが具体的な理由を明らかにしていただきたい。
3　社長が工場で発言した『勤務態度,能力問題』とはどういうことか具体的な内容を明らかにしていただきたい。
4　5月2日付け『通知書』では5月7日付け退職とする,としているが解雇なのかどうか明確にしていただきたい。

以上4点について文書にて回答いただきたい。
⑤　5月15日に開催された第7回団体交渉にて,会社は前記1ないし3の回答は留保し,4に関しては解雇ではないという回答をした。しかし,明確な回答ではないので,組合は社長の出席する団体交渉の開催を改めて要求した。

5月23日に開催された第8回団体交渉にて,会社は文書にて前記組合要求書記載事項に対して「4については,解雇でない。1,2,3については,回答を留保する」と回答し(甲第4号証),解雇は事実上の撤回と取ってもらって良いとコメントした。組合は,引き続き会社及びQ株式会社等のグループ全体の財務資料等の提出を求めた。

⑥　組合は,5月31日に引き続き整理解雇の前提となる解雇基準の明示,財務資料等の提出及び時期となった夏季一時金の要求を求めて団体交渉の開催を求め(甲第5号証の1,2),6月8日に第9回団体交渉が開催された。会社は組合の財務資料の提出要求のうち,平成8年から平成12年までの年度別損益計算(甲第6号証)及び2000年11月から2001年4月までの売上金額表(甲第7号証)は提出したものの,それ以外のバランスシートやグループ全体の財務資料などの提出を拒み続けた。また,会社からは一

時金の回答もなく，今後整理解雇の強行もあり得るとの不誠実な対応に終始した。

(3) 夏季一時金を人質に取った退職強要

① 組合は会社から夏季一時金の回答がないこともあって，夏季一時金及び賃金の支払いも不明確な指名解雇対象者3名の処遇の確立を要求して団体交渉を求め，6月29日に第10回団体交渉が開催された。

この日，会社は唐突に「20％の賃金カットかリストラ（整理解雇）か」を質問してきた。この問いは，会社が3月28日の第1回団体交渉にて自ら提案したものの，4月4日の第2回団体交渉にて社長自らが賃金の20％カットは困難であるとして撤回しリストラ（人員削減）を強行してきたものである。それにも関わらず，この時点で質問すること自体が奇妙である。従って，組合としては再び「賃下げもリストラも結構とは言えない」と回答したのは当然である。すると，会社は，「早急に理事会を開催して結論を出したい。整理解雇は3名の対象者だけとは限らない」などと発言したのである。

② 7月4日，社長は朝礼を開催し，原告ら3名への指名解雇を公表し，かつ，整理解雇問題の目途がつくまで夏季一時金問題を凍結すると発言した。夏季一時金がでないのは組合が悪いと言わんばかりの罵詈雑言である。

③ このため，組合は社員の前で指名解雇を公表したにも関わらず，解雇理由も通知の文書も出さない会社のやり方はおかしいとして，団体交渉の開催を求め，7月10日に第11回団体交渉が開催された。すると，会社は社長が出席せず，社長作成の文書を組合に交付した（甲第8号証）。会社は，解雇理由と解雇通知を行うことを回答した。

3 原告らに対する解雇通告

会社は，原告らに対し，平成13年7月16日，それぞれ同日付けで解雇する旨の意思表示を文書（甲第9号証の1ないし3）でなした（以下，本件解雇という）。

4 本件解雇は違法・無効である

会社は，原告らに対して解雇理由を明示していないが，平成13年7月16日に「整理解雇の実施について」（甲第10号証）を掲示しているので，本件解雇は整理解雇の意思表示と推定される。

　ところで，整理解雇に関しては確立した判例法理として「整理解雇の4要件」が，解雇の正当性・相当性の判断基準として適用されるべきである。
(1) 解雇の必要性に関して

　整理解雇の第1の要件として，企業の経営が解雇を必要とするほど経営状況の悪化が存在することが必要である。

　ところが，会社は組合の提示要求に対して，経営状況に関する資料を全く提出していない。すなわち，平成8年度ないし平成12年度の損益計算表（甲第6号証），2001年4月までの売上金額表（甲第7号証）しか提出していない。これだけでは，到底解雇の必要性を裏付けることなど出来ないのであり，現に，平成12年度のバランスシートについて，会社は団交で，前年同様債務超過でなく財務が正常であるといわれたとしても，会社は赤字だから実質的には危ない状態なんだなどといっている。しかし，バランスシートの提示さえ会社は明白に拒んでいる（甲第8号証，②）。

　したがって，会社は客観的資料の提供を拒んでいる状況から見ても第1の要件は存在しないといわざるを得ない。
(2) 解雇回避努力に関して

　整理解雇の第2の要件として，人員削減以外の経費削減及び解雇以外の方法での人員削減など，解雇回避努力を尽くす必要がある。

　ところが，会社は今回希望退職という解雇以外の方法での人員削減を全く行わず，いきなり指名退職勧奨から指名解雇へと強行してきた。その理由に関して，組合から説明を求められても，その回答を留保したまま本件解雇を強行した。

　また，会社には10名以内であるが，会社を定年退職した嘱託が，賃金切下げとはいえ社会的にみれば相当の高給で継続雇用され，65歳を超えるものも5名ほど存在する。ところが，会社はこれらの嘱託に関しては雇用を継続しながら，原告ら3名を解雇してきた。

　また，会社は平成13年4月4日の第2回団体交渉では，3名の従業員をグループ企業であるQ株式会社に出向の扱いとするとしていたが，その後

明確な理由も示さずこれをとりやめにしている。

さらに、原告らを含めた6名の指名退職勧奨を提起した中で3名が会社の提案に従い退職したのであるから、さらに賃金の20％カットか解雇かと称しながら一方的な判断で原告らを解雇することまで必要であったか、大いに疑問である。

以上のことから、被告会社が解雇回避努力を十分尽くしたとは到底言えないのである。

(3) 解雇の人選基準及び適用の合理性等に関して

整理解雇の第3の要件として、被解雇者の選定基準が合理的であり、かつその適用が合理的であることが必要である。

しかし、会社は、本件解雇まで2001年春闘及び夏季一時金の交渉を含めて11回の団体交渉を行ってきたが、4月4日の第2回団交にて、会社は社長自身が原告3名を含む6名を指名退職勧奨の対象者として決定したといいながら、一度としてその対象者を選択した基準を明示していない。もちろん、本件解雇の際にも、解雇通知書やその後の団体交渉でも、また原告ら自身にも組合にも、人選基準を明示していない。

なお、7月16日に会社が掲示した文書には、人選基準らしきものが記載されている。すなわち①勤務態度 ②仕事の処理能力 ③積極性 ④個人能力（技術力） ⑤貢献度 ⑥必要度 ⑦扶養家族数、を総合評価し、原告らを選択した（甲第10号証）と記載されている。しかし、このような全く抽象的な基準では、それ自体に合理性が存在せず、あわせてその適用の合理性にも多大な疑義が存在することは明白である。

したがって、第3の要件である人選基準の合理性及びその適用の合理性は存在しないと言わざるを得ない。

(4) 労働組合との誠実な交渉・当事者への説明に関して

整理解雇の第4の要件として、被解雇者への十分な説明及び被解雇者が所属する労働組合との客観的な資料を提供した誠実な協議が必要である。

ところが、会社は4月4日の指名退職勧奨以来、再三にわたる労働組合の財務資料提供の要求をことごとく拒否し、ただ2つの資料以外全く提供を拒否し続けている。バランスシートの交付に関しても「お金を借りているところ以外には出していない」との理由で拒否している。これだけで

も，誠実団交義務を果たしてないことは明白である。

　加えて，解雇まがいの行為を4月5日，5月2日と何度も繰り返し，そのたびに組合は振り回されてきた。しかも，組合が会社の正式な態度表明を求めて社長の出席を求めても一度として応じたことはなく，また，5月2日以降は一切出席していない。社長自身が組合に言いたいときだけ団体交渉を求め出席するという不誠実な態度に終始した。

　さらに，解雇回避努力に関してまともに説明した事実もない。

　そのうえ，被解雇者の人選基準に関しても，組合から5月10日以来再三にわたり，明示することを求められていたにもかかわらず，その回答を留保したまま，本件解雇を強行したのである。

　このような会社の不当な対応を見るとき，労働組合・当事者の納得を得て整理解雇を行うといった態度は到底存在しなかったのである。すなわち，第4の要件は，完全に存在しないのである。

　以上のように整理解雇の4要件のいずれをとっても，その要件を満たすものではなく，本件解雇は整理解雇の4要件に違反した違法・無効なものと言わざるを得ないのである。

5　原告らの賃金について
(1) 賃金請求権

　原告らの賃金は，前月21日から当月の20日までの分を当月の28日に支払われることになっている。原告らの月例給与は，次の表のとおりである（甲第11の1ないし3）。なお，特別手当は2か月に1度づつ偶数月に払われているので，1月ではその半額となる。

①訴　　状

記

	A	B	C
基本給	287,520	290,930	237,460
役職手当	7,300	19,350	
住宅手当	12,000	18,000	12,000
家族手当		15,000	
精勤手当	3,000	3,000	3,000
営業手当		18,000	
特別手当	2,500		1,500
合計	312,320	364,280	253,960

(2) 未払い賃金の発生

　原告らは，いずれも7月16日付けで解雇されたが，会社は原告らに対し7月28日以降に，それぞれ6月21日から7月5日までの賃金として月例賃金ではなく基本給だけを日割りして10日間分しか支払っていない。一方，7月16日には会社から原告らに対し，8月分給与という名目で賃金が小切手にて支払われているが，それも月例賃金の1か月分ではない。

　原告らは，8月28日の給料日を待って各小切手を現金化し，被告会社が8月分賃金として支給した金額を受領し，それまでの未払い給与に充当する予定である。しかし，この金額を充当しても7月分給与及び8月分給与の合計には不足分が生じる。

　すなわち，原告Aは7月分及び8月分の給与として合計624,640円を受領する権利を有するが，現実に支払われるのは7月分122,840円及び8月分306,820円であるから，194,980円が未払いとなるのである。

　同様に，原告Bは7月分及び8月分の給与として合計728,560円を受領する権利を有するが，現実に支払われるのは7月分129,280円及び8月分361,280円であるから，238,000円が未払いとなるのである。

　また，原告Cは7月分及び8月分の給与として合計507,920円を受領する権利を有するが，現実に支払われるのは7月分98,940円及び8月分249,460円であるから，159,520円が未払いとなるのである。

6　本件解雇後の経緯

　組合は，①本件解雇の平和的解決をめざし，②同時に6月29日に会社から再提案のあった「20％の賃金カットか整理解雇か」という問題に立ち戻って協議をすべきである，③組合としても経営改善の具体的なポイントに関して会社と十分協議をする必要がある，との立場から，平成13年7月17日に東京都地方労働委員会に会社を相手方として斡旋申請をした。しかし，会社は平成13年7月23日に行われた第3回団体交渉にて斡旋を拒否する姿勢を示し，翌24日には会社が東京都地方労働委員会に斡旋を拒否する回答をした。その結果，平和的解決は現時点では会社が応じる姿勢を示していないので困難となった。

7　結論

　よって，原告らは被告に対し，いずれも労働契約上の地位の確認を求めるとともに，それぞれ平成13年8月28日における各未払い賃金と同年9月以降毎月28日限り賃金としての金員及びこれらに対する各月29日以降完済に至るまで商事法定利率年6分の割合による遅延損害金の支払いを求めて，本訴を提起するものである。

証　拠　方　法

甲第1号証	経歴書（会社作成）
甲第2号証	パンフレット（会社作成）
甲第3号証の1, 2	団体交渉申入書・要求書（組合作成）
甲第4号証	回答書（会社作成）
甲第5号証の1, 2	団体交渉申入書・要求書（組合作成）
甲第6号証	年度別損益計算（会社作成）
甲第7号証	売上金額表（会社作成）
甲第8号証	社長見解（会社作成）
甲第9号証の1～3	解雇辞令（会社作成）
甲第10号証	「整理解雇の実施について」（会社作成）

①訴　　状

甲第11号証の1～3　給与明細書（会社作成）

　　　　付　属　書　類

1　商業登記簿謄本　　　　　　　　　　　1通
2　甲第1号証～甲第11号証（写し）　　　各1通
3　訴訟委任状　　　　　　　　　　　　　3通

〔資　　料②〕

平成○年(ワ)第○号

　　　　　　　　　　答　　弁　　書

　　　　　　　　　　　　　　　原　　告　　Ａ　　　　外
　　　　　　　　　　　　　　　被　　告　　株式会社Ｘ

　平成○年○月○日

　(送達場所) 〒×××―××××　○○区〈以下略〉
　　　　　　　　　　　　　　　　電　話　03 (××××) ××××
　　　　　　　　　　　　　　　　ＦＡＸ　03 (××××) ××××
　　　　　右被告代理人　弁護士　八　代　　徹　也

東京地方裁判所　民事第19部　　御　中

　　　　　　請求の趣旨に対する答弁

1　原告らの請求をいずれも棄却する。
2　訴訟費用は原告らの負担とする。
　との裁判を求める。

　　　　　　請求の原因に対する答弁

1　当事者
(1)　認める。但し，原告らが主張する組合に所属しているかどうかは不知。
(2)　概ね認める。但し，後段の内，「同一グループを形成する」との意味が不明であるのでこの点については認否できない。
2　本件解雇に至る経緯
(1)①　組合が2001年春闘要求を提出したこと（例年通りであるかどうかは不知），3月28日に団体交渉が開催されたこと，同団交に社長が出席した

②答弁書

ことは認める。社長の発言は正確ではないが，概ねこのような趣旨であったことは認める。組合が記載の回答をした事実はない。
② 4月4日に団体交渉が開催され，社長が出席したことは認める。
その余は争う。
前回の提案に対する組合の回答がなされなかったため，そうであれば会社としては（2割賃金カットではなく）退職勧奨でやる他はない旨述べたのであり，退職勧奨者6名だけではなく，3名の出向についても述べた。
組合は，賃金カットにも退職勧奨についても応じられない旨述べた。
③ 4月5日退職勧奨について発表し，退職勧奨を行なった結果，3名が退職したこと，原告ら3名が退職しなかったことは認める。
但し，組合加入等組合内部の問題は不知。
(2)① 4月14日に第3回団体交渉が開催されたこと，組合が全体状況を明らかにせよと主張したこと，組合を窓口にするよう求めたことは認め，会社の回答は否認する。
会社が5月7日付で退職して欲しい旨述べたことは認める（その条件も認める）。
② 4月23日に団体交渉が開催されたことは認めるが，その余は争う。
会社は，年度別損益計算表を提示し（甲6），売上高の減少，利益や損失の推移，人件費と付加価値の推移，人件費と売上の推移などについて説明している。また，甲6は一旦回収したが，その後6月5日に組合に交付している（甲6の右下の記載参照）。
会社の状況によっては民事再生法に基づく手続きや自己破産申立もあり得る旨述べた事実は認める。
なお，整理解雇の前提条件である財務諸表という趣旨自体が不明であり，この点については争う。
③ 5月2日及び7日に団体交渉がもたれたことは認め，その余は争う。
④ 組合が甲3号証等の文書を提出したことは認める。但し，甲3号証の1項については，平成12年12月4日付で募集を行なっているので事実誤認である。
⑤ 5月15日に団体交渉がもたれたこと，5月23日に団体交渉がもたれた

こと，甲4を回答したことは認め，その余は争う。
⑥ 甲5の1，2を組合が提出したこと，6月8日に団体交渉が開催されたこと，甲6及び甲7を会社が提出したことは認め，その余は争う。
　念のためいえば，被告会社の退職勧奨やいわゆる整理解雇にあたって被告会社以外の財務諸表が必要であるとの主張自体が失当である。
(3)① 6月29日に団体交渉がもたれたことは認め，その余は争う。
　雇用を前提とするならば2割程度の賃金カットか，賃金カットをせずに人員削減をする，のどちらを組合が選択するのかについては再三回答を求めてきたのであって，唐突であるとか会社提案を撤回したとかいうのはあたらない。組合はあくまでも賃金カットも人員削減も全て認めないとの姿勢であったにすぎない。
② 7月4日に解雇を公表したことは認めるが，その余は争う。
　一時金については業績が悪化して人員削減等のリストラクチュアリングを行なわなければならない状況であるから回答などできない旨述べたにすぎない。
③ 7月10日に団体交渉が開催されたこと，甲8を交付したことは認める。
3　原告らに対する解雇通告
　7月16日付で解雇する旨の解雇通知（甲9）を行なったことは認める。
4　本件解雇は違法無効である。
　全て争う。
　整理解雇について，確立した判例法理があり，整理解雇に定められた四要件があるとの主張はそれ自体失当である。
　個々の主張については追って反論するが，とりあえず次の点を主張する。
(1)　本件はいわゆる通常解雇であり，それが原告がいう整理解雇に該当するとしても，整理解雇という特別な類型はないから，解雇法理一般原則に服する。
　しかして，原告らがいわゆる正社員（期限の定めのない契約）であるから，民法上あるいは労働基準法上解雇は原則として自由であり，その権利の行使に関する一般原則である「権利の行使において濫用がある」

②答　弁　書

例外的場合には無効となるにすぎない。

　従って，その例外的事由である解雇権濫用について原告が主張立証責任を負うことは，濫用法理を採る以上当然のことである。
(2) 権利の行使が濫用となる（本件でいえば解雇権の濫用となる）かどうかは，個別具体的事件における法的評価であるが，その濫用か否かの要素（メルクマール）として様々な事情を考慮するにすぎないのであって，4つの法的な要件が存在することはない。

　このことはロイヤルインシュアランス事件（東京地決平成8・7・31判例時報1584号142頁），日証事件（大阪地判平成11・3・31労働経済判例速報1708号20頁）などにおいて明らかにされており，貴裁判所における平成11年から平成12年の東洋印刷事件以降廣川書店事件にかけての一連の決定や判決においてもそのことは既に指摘されている。

　また，実務上も「本来，解雇権濫用にあたるか否かの判断要素の1つとして総合的に考慮されるべきものである」と明確にされている（最高裁事務総局編，労働関係民事裁判例概観（上）673頁）。
(3) 判例においても，原告が主張する4つの要件が備わっていなければ解雇は無効であるなどという法理は存在していないのである。

　このことは，4つの要件という以上，1つの要件でも欠ければ直ちに無効という結果を招致するはずであるから，仮に解雇無効とするならば，1つの要件を検討し，それが充足していないとすれば足り，他の3要件について検討する必要もないこととなるが，そのような論理構成を判例は採っていないことからも明らかであろう。

　ちなみに，本件でも原告は「整理解雇の4要件のいずれを採ってもその要件を満たすものではなく」（訴状11頁4の最終段落）と主張していること自体，いわゆる4要件理論が破綻していることを物語っている。

　1つの要件が充足していないならば，他の要件の主張など不要なはずだからであり，このような主張をなすこと自体，解雇権濫用主張にあたって考慮すべき1つの要素であることを自認しているものというべきである。
(4) 従って，原告の解雇権濫用を主張する要素・事情が記載のものに限定されるとして，追って反論する予定である。

5 原告らの賃金について
 (1) 賃金額については認める。
 (2) 争う。
6 本件解雇後の経過
  本年7月17日頃に組合が東京都地方労働委員会に斡旋申請をし，その斡旋について会社が応じない旨回答した事実は認める。
  斡旋において組合がどのような主張をなしたかは不知。
7 結論
  争う。

　　　　　　　　　　　　　　　　　　　　　　　　　　　以　上

〔資　　料③〕

地位保全及び賃金仮払仮処分命令申立

当　事　者　の　表　示　　　別紙当事者目録記載のとおり　　　（略）

保全すべき権利及び権利関係　　解雇無効による地位保全
　　　　　　　　　　　　　　　雇用契約に基づく賃金支払請求権

地位保全及び賃金仮払仮処分命令申立事件

申　立　の　趣　旨

1　債権者が債務者に対し，雇用契約上の権利を有する地位にあることを仮に定める。
2　債務者は債権者に対し，平成12年10月21日以降，本案判決確定に至るまで，毎月末日限り金900,000円の割合による金員を仮に支払え。
3　申立費用は債務者の負担とする。
との裁判を求める。

申　立　の　理　由

第一　被保全権利
　一　当事者の地位
　　1．債権者は，昭和58年11月に，債務者より債務者○○支社のドライバーとして採用され，以来債務者同支社管内にて店長，営業課長等として業務を遂行してきたものである。（甲1）
　　2．債務者は一般貨物自動車運送事業等を業とする株式会社である。

　二　本件解雇の意思表示
　　ところが債務者は，平成12年10月25日口頭にて就業規則上の根拠を示

さずに，抽象的に，債務者従業員の親睦会の金員の不明朗な処理，自動車のガソリン給油カード及び高速道路通行カードの休日における使用，並びに臨時委託業者に対して債務者負担での燃料の給油を認めたこと，の３点を理由として同年10月20日付で懲戒解雇する旨の意思表示を行った。（甲１）

更に，同年10月31日には，「解雇通知書」をもって，就業規則第84条第３項３ネ（職務上の地位を利用し，私事に金品または饗応を受け，もしくは与えたとき）に該当することを理由に，同年10月20日付で解雇する旨の意思表示をなした。（甲１，甲３，甲９）

三　本件解雇の無効

しかしながら本件解雇の意思表示は左記の理由により無効であって，債権者は債務者に対し，なお雇用契約上の地位を有するものである。

1　理由なき解雇

債務者は本件解雇にあたり，抽象的に解雇理由らしきことは摘示するものの，具体的な解雇理由を何ら示さず，かつ，当初は就業規則上の根拠も示さずに解雇の意思表示を行った。債務者による本件解雇は，理由なき解雇として無効である。

2　就業規則所定の解雇事由の不存在

債務者が後になって摘示した，就業規則第84条第３項３ネ（職務上の地位を利用し，私事に金品または饗応を受け，もしくは与えたとき）違反の事実は全くない。債権者は，債務者の従業員として一貫して誠実に業務を遂行してきたものであり，かかる指摘を受けるいわれはない。（甲１，甲２）

なお，債権者が債務者主張の「不正」を認める内容の文書が存在するが，それは債務者の恫喝・脅迫等に基づき債権者の意に反して作成させられたものであり，何ら実態を反映したものではない。（甲１）

3　解雇権の濫用

(1)　そもそも解雇にあたっては，それが客観的に合理的な理由を欠き社会通念上相当として是認できない場合には権利の濫用として無効になる，と解されるところ，懲戒解雇については普通解雇より更に大きな不利益を労働者に与えるものであるから，右解雇権濫用法

理の適用に関しては更に厳しい規制に服する。

　　例えば、懲戒事由たる就業規則上の規定は制限的に解されなければならないことはもちろん、具体的に問題となっている規律違反の内容等の諸事情と当該懲戒処分の均衡が求められ、更に適正手続も求められるのである。
(2)　本件については、そもそも懲戒解雇事由たる事実が存しないことは既に述べたとおりであるが、加えて、仮にそれに類するような事実が存在したとしても、他の軽い懲戒処分を経ずに懲戒解雇という最も重い処分を選択するに均衡するだけの内容とは評価し得ず、均衡を失し不当である。(甲1、甲2)
(3)　また、右事実の有無に関する弁明の機会も与えられていない。本件解雇に先立って債務者は、一方的に債務者の所見・言い分を債権者に通告し、ある時には債権者を欺き、またあるときには債権者を恫喝・脅迫して債権者主張の事実を認めるような文書を作成させたに過ぎず、債権者の主張を聴取しその内容を吟味する、という弁明の手続は全くなされておらず、この点でも違法である。

四　賃金支払請求権

　　以上のとおり、本件解雇は無効であり、債権者は債務者に対し、平成12年10月21日以降も雇用契約上の地位を有するものであり、右解雇直前3か月の平均給与として、少なくとも毎月税込みで金90万円の賃金支払請求権を有するものである。(甲10の1ないし3。なお、賞与の支払いはなされていない。)

第二　保全の必要性

一　賃金仮払の仮処分の必要性

　　債権者は債務者に対して、平成12年10月31日付内容証明郵便により本件解雇の無効を主張し、その後も債務者代理人と本件につき交渉を継続してきたが結局合意にいたらなかった。(甲5ないし8)

　　そこで債権者は債務者に対し、解雇無効確認等の訴えを提起すべく準備中であるが、債権者は労働者であり、債務者からの賃金のみで生計を維持しているものであって、本案判決の確定を待っていては継続する権

利関係につき著しい損害を被るおそれがあり，その生活の根本が失われるおそれがある。

　しかも債権者は，債権者代理人に依頼してその債務の一部を整理しており，この点からしても賃金仮払処分が認められなければ債権者は一気に破産せざるを得ないことも充分に考えられる。

　以上の点で，賃金仮払いの仮処分が必要である。
二　地位保全の仮処分の必要性

　また債権者は本件解雇に伴う心労も原因として糖尿病等が悪化して通院治療中であり，医師からは入院も勧められている状態である（甲1）。債権者としては右の事情もあってやむなく国民健康保険への切替手続を行っているが，今後自己負担分が大幅に増加することは確実であり，その収入が途絶えていることとも相まって，必要な治療を抑制せざるを得ず，その健康が失われることも充分に考えられる。この様な債権者の事情を勘案すると，地位保全の仮処分が認められなければ，債権者において著しい損害が生じると解すべきであり，右仮処分が必要と思料される。

第三　結　　論

　よって債権者は債務者に対し，雇用契約上の権利を有する地位にあることを仮に定めること，及び平成12年10月21日以降の賃金支払については債務者が任意に履行することが期待できないのでその支払を求めるため本申立に及んだ次第である。

　　　　疎　明　方　法
甲1号証　　　陳述書（債権者）
甲2号証　　　陳述書（A）
甲3号証　　　解雇通知書
甲4号証　　　受領書
甲5号証の1　通知書
　同　　2　　配達証明書
甲6号証　　　通知書写（ファックス送信文）

甲7号証　　　御通知写
甲8号証　　　回答書
甲9号証　　　債務者就業規則写
甲10号証の1　給与明細書
　　ないし3

　　　添　付　書　類
一　疎明方法写　　　　　各1通
一　訴訟委任状　　　　　1通
一　資格証明書　　　　　1通

　　　　平成○年○月○日
　　　　　　　　　右債権者代理人　弁　護　士　甲
○○地方裁判所民事部御中

〔資　料④〕

控　　訴　　状

〒×××－××××
　　　東京都○○区〈以下略〉
　　　　　控訴人（原審被告）Ｘ株式会社
　　　　　右代表者代表取締役　　Ｙ
〒×××－××××（送達場所）
　　　○○区〈以下略〉
　　　　　　　電話番号　　03（××××）××××
　　　　　　　ＦＡＸ番号　03（××××）××××
　　　　　右控訴人代理人　弁護士　八　代　徹　也
〒×××－××××
　　　○○市〈以下略〉
　　　　　被控訴人（原審原告）Ａ

補償金支払等請求控訴事件
　　　訴訟物の価額　××万××円
　　　貼用印紙額　　×　×　円

　右当事者間の東京地方裁判所○○支部平成○年（ワ）第××号，同××号事件につき，平成○年○月○日同裁判所において判決言渡があったが，控訴人は控訴人敗訴部分につき不服であるから控訴する。

原判決主文の表示
　別紙主文のとおり。

控　訴　の　趣　旨
一　原判決を取り消す。
二　被控訴人の請求をいずれも棄却する。
三　訴訟費用は一，二審を通じ被控訴人の負担とする。

④控　訴　状

　　　　　控　訴　の　理　由

追って準備書面を提出する。

　　　　　添　付　書　類
一．資格証明書
一．委任状

　　　　　平成○年○月○日

　　　　　　　　右控訴人代理人　弁護士　八　　代　　徹　　也

東京高等裁判所　御　中
　　　　　　別紙主文の表示（略）

〔資　　料⑤〕

　　　　　　　　　　　上告受理申立書

平成〇年〇月〇日

　　　　　　上告受理申立人代理人　弁護士　八　　代　　徹　　也

最高裁判所　御中

　　　　　当事者　　　　当事者目録のとおり

　損害賠償請求上告受理申立事件

　　訴訟物の価格　　金××万××円
　　貼用印紙額　　　金××万××円
　頭書当事者間の東京高等裁判所平成〇年（ネ）第××号事件につき，平成〇年〇月〇日同裁判所において判決言渡しがあったが，上告受理申立人は同人敗訴部分につき不服であるから，民事訴訟法318条に基づき，上告受理申立をする。

原判決主文の表示　　　別紙主文のとおり

　　　　　上告受理申立の趣旨
１．本件上告を受理する。
２．原判決を破棄し，更に相当な裁判を求める。

　　　　　上告受理申立の理由
　追って理由書を提出する。

⑤上告受理申立書

　　　添付書類
一．資格証明書　1通
一．委任状　　　1通

以上

別紙主文の表示（略）

［労判 Selection］は，産労総合研究所が発行する判例実務誌『労働判例』（通称「労判」，年間購読制）でわかりやすいと好評だった連載等をまとめ，単行本としてシリーズ化したものです。労働事件の裁判例に初めて接する方や企業労使の実務担当者の方々を主な読者対象としています。

『労働判例』　http://www.e-sanro.net/sri/books/roudouhanrei/index.html

【著者紹介】

八代　徹也（やしろ・てつや）
弁護士
1953年東京生まれ。1978年早稲田大学法学部卒業。農林水産省入省。1979年同省退省。司法修習生となる。1981年弁護士登録。1987年飯野・八代法律事務所開設。現在（飯野・八代・堀口法律事務所）に至る。経営法曹会議常任幹事、新司法試験（労働法）考査委員（平成18年〜20年）
著書は『これだけは知っておきたい就業規則の基礎知識と実務』（共著）（政経研究所，1992年），『人事部員のための法律実務』（政経研究所，1999年），『労働法実務ハンドブック』（共著）（中央経済社，2000年），ほか多数

　本書は2002年に日本労働研究機構より発刊した「労働判例のよみかた・つかいかた」を加筆・修正しました。

実務家のための
労働判例の読み方・使い方

| 2010年5月21日　第1版　第1刷発行 | 定価はカバーに表 |
| 2011年1月15日　第1版　第2刷発行 | 示してあります。 |

　　　　　　　　　　　　著　者　八　代　徹　也

　　　　　　　　　　　　発行者　平　　　盛　之

㈱産労総合研究所
発行所　出版部　経営書院

〒102-0093
東京都千代田区平河町2—4—7清瀬会館
電話　03(3237)1601　振替　00180-0-11361

落丁・乱丁はお取替えいたします　　　　印刷・製本　中和印刷株式会社

ISBN978-4-86326-066-5